Franz Ludwig Schubert

Wegweiser in der Gesangsliteratur für den Solo-und Chorgesang

Nach praktischen Erfahrungen zusammengestellt

Franz Ludwig Schubert

Wegweiser in der Gesangsliteratur für den Solo-und Chorgesang
Nach praktischen Erfahrungen zusammengestellt

ISBN/EAN: 9783744605847

Hergestellt in Europa, USA, Kanada, Australien, Japan

Cover: Foto ©Thomas Meinert / pixelio.de

Weitere Bücher finden Sie auf www.hansebooks.com

Wegweiser

in der

Gesangs-Literatur

für den

Solo- und Chorgesang.

Nach practischen Erfahrungen zusammengestellt

von

F. L. Schubert.

Leipzig,
Verlag von E. Wengler.
1861.

Der Zweck des vorliegenden Werkchens ist, den Sängern, Sängerinnen, Gesangslehrern und Musikdirigenten die Bekanntschaft der Gesangsliteratur zu vermitteln oder zu erleichtern, was bei der Masse der erschienenen Gesangsstücke für Viele erwünscht sein wird. Jedoch war es nicht gut möglich, Alles, vielleicht von Manchen anerkannte Gute aufzunehmen, da dieser Zweig der Musikliteratur zu stark vertreten ist, um alle Erscheinungen kennen zu lernen und ihren Erfolg zu beobachten. Bei der Wahl der hier aufgenommenen Gesangsstücke ist es Princip gewesen, durchaus keine Einseitigkeit in den Ansichten über den Werth derselben vorwalten zu lassen, daher ist nur das aufgezeichnet worden, was durch die Zeit und durch ein gesundes Urtheil sich gleichsam für immer eingebürgert hat, weil es stets die Proben einer strengen und gerechten Kritik bestanden. Die Klassification der Gesangsstücke erfolgt hier in 6 Hauptabtheilungen. Die erste Abtheilung umfasst die Gesangsstücke für den Concertsaal. Sie enthält vier Nebenabtheilungen als A, Arien und andere Gesangsstücke für Sopran; B, für Alt oder Mezzo-Sopran; C, für Tenor; D, für Bass oder Bariton. Die zweite Abtheilung enthält Lieder mit Pianofortebegleitung. Eigentlich sollten bei den Liedern die vier Nebenabtheilungen für Sopran, Alt, Tenor und Bass erfolgen, allein es liegen mancherlei Gründe vor um von dieser strengen Eintheilung abzusehen, da ja eine Tenorstimme die Lieder für Sopran und eine Bass- oder Bariton die Lieder für eine Altstimme singen kann, obgleich dies in beiden Fällen eine Oktave tiefer klingt. Auch ist ja auf den Titeln der Liederhefte sehr oft bemerkt „für eine Sopran- oder Tenorstimme", oder „für eine Alt- oder Bassstimme". Auf vielen Liederheften steht blos einfach „für eine Singstimme"; diese Art Lieder sind grösstentheils so gesetzt, dass sie im Umfange einer jeden Stimme liegen, und diese, sowohl von einer höhern oder tiefern Stimme gesungen werden können. Zudem sind auch sehr viele Lieder bei den meisten Verlegern doppelt, (transponirt) herausgegeben, dass man ein und dasselbe Lied sowohl für eine höhere als für eine tiefere Stimme erhalten kann. Bei Ausnahmen ist die nöthige Bemerkung beigefügt, ob das Lied für eine besondere höhere oder tiefere Stimme geschrieben ist. Die dritte Abtheilung enthält die Lieder und Gesänge für den gemischten Chor (Sopran, Alt, Tenor und Bass, ohne alle Begleitung). Die vierte Abtheilung enthält die Duette für gleiche und ungleiche Stimmen mit Pianoforte. Die fünfte Abtheilung enthält Terzette für die verschiedenen Stimmen mit und ohne Pianofortebegleitung. Die sechste Abtheilung bringt Lieder und Gesänge für den Männerchor (Zwei Tenore und zwei Bässe.) In allen Abtheiluungen ist sowohl der geistliche als weltliche Gesang in allen Richtungen vertreten.

I.

Concert-Arien und andere Gesangsstücke welche sich für den Concertvortrag eignen, mit Begleitung des Orchesters und des Pianoforte.

A. Für Sopran.

Anmerk. Ist die Orchesterbegleitung gedruckt erschienen, so ist dies besonders bemerkt, im entgegengesetzten Falle bezieht sich die Angabe des Verlegers blos auf den Klavierauszug.

Beethoven, Scena et Aria: Ah Perfido! Italienisch und deutsch. Mit Orchesterbegleitung. (Leipzig, Peters.)

—— Recitativ und Arie: Abscheulicher, wo eilst du hin? aus der Oper: Fidelio. (Leipzig, Breitkopf u. Härtel.) (Partitur der Oper bei Simrock in Bonn.)

Marschner, H., Arie aus Hans Heiling. Recitativ: Weh mir, wohin ist es mit mir gekommen? Arie: Einst war so tiefer Friede. (Leipzig, Hofmeister.)

Mozart, W. A., Recitativ und Arie aus der Oper: Cosi fan tutte: Smanie implacabile — Angst, Qual und herber Schmerz. Mit Orchesterbegleitung. (Bonn, Simrock.)

Mozart, W. A., Abschiedsarie: Jo ti lascio — Lassen muss ich dich. Mit Orchester. (Ebendaselbst.)

—— Arie: No, che non sei capece — Nein, nein, dem Ruf der wahren Ehre. Mit Orchesterbegleitung. (Offenbach, André.)

—— Arie: Se al Impero — Seht die Herrschaft. Mit Orchesterbegleitung. (Ebend.)

—— Arie: Zeffiretti lusinghieri — Sanfter Zephyr. Mit Orchesterbegleitung. (Ebend.)

—— Rondo: Deh, per questo Instante — Ach gedenk der ersten Liebe. Mit Orchesterbegleitung. (Ebend.)

Verdi, Aus der Oper: Ernani. Scene: Sorta, à la notte. Arie: Tutto spesso che d'Ernani. (Mailand, Ricordi.)

Weber, C. M. v., Cavatine aus der Oper: der Freischütz: Und ob die Wolke sie verhülle. (Berlin, Schlesinger.)

—— Aus derselben Oper: Scene: Wie nahte mir der Schlummer. Arie: Leise, leise, fromme Weise. (Ebend.)

—— Aus der Oper Silvana. Recitativ und Arie: Er geht! Er hört mich nicht. (Ebend.)

—— Scene und Arie in Lodoiska eingelegt. Scene: Was hör ich? Arie: Fern von ihm. (Ebend.)

Rossini, Preghiera aus der Oper: Moses. Der du das All umfassest. (Mit Bass und Chor.) (Mainz, Schott.)

Spontini, Aus der Oper: Vestalin. Arie: Göttin des Herzens. (Leipzig, Peters.)

Donizetti, Arie aus der Oper: Belisario. Sin la tombe è a me negata. (Wien, Spina.)

—— Aus der Oper: Die Favoritin. Arie: O mon Fernand, tous les bien. (Berlin, Schlesinger.)

—— Aus der Oper: Linda di Chamounix. Recitativ: Ah tardai troppa. Arie: O luce di quest' anima. (Wien, Spina.)

—— Aus derselben Oper. Recitativ und Arie: Ja diese Blumen. (Ebend.)

—— Aus der Oper: Lucia di Lammermoor. Recitativ: Ancor non gianse? Arie: Obbliar tu potessi. (Mainz, Schott.)

—— Arie aus Lucrezia Borgia: Com' i bello, quale in canta. (Leipzig, Breitkopf u. Härtel.)

—— Arie aus Roberto Devereux: Duchessa alle fervide preci. (Mailand, Ricordi.)

Gluck, Scene und Arie aus der Oper: Alceste. O Götter hört mein Flehn. (Bonn, Simrock.)

—— Aus derselben Oper. Recitativ: Ahime! deve corsi? Arie: Che faro senza Euridice? (Ebend.)

Graun, Arie aus dem Oratorium: Der Tod Jesu. Singt dem göttlichen Propheten. (Partitur bei Breitkopf u. Härtel in Leipzig.)

Händel, Arie aus dem Oratorium: Jephta. Leb wohl du klarer Silberbach. Partitur. (Wien, Haslinger.)

Haydn, J., Recitativ und Arie aus dem Oratorium: Die Schöpfung. Mit Orchester. Nun beut die Flur. (Bonn, Simrock.)

Mendelssohn-Bartholdy, Aus dem Oratorium: Elias. Op. 70. Arie: Höre Israel. (Partitur u. Stimmen bei Simrock in Bonn).
Händel, Arie aus dem Oratorium: Israel in Egypten. Bringe sie hinein. (Bonn, Simrock.)
—— Arie mit Chor aus dem Oratorium: Samson: O höre mein Flehn. (Wien, Spina.)
Haydn, J., Recitativ und Arie aus dem Oratorium: Die Schöpfung. Auf starkem Fittich. Mit Orchester. (Bonn, Simrock.)
Bellini, Aus der Oper: Beatrice di Tenda. Recitativ: Oh! mie fedeli! Arie: Ma la sola. (Wien, Spina.)
—— Aus der Oper: Sonnambula. Recitativ: Care copagno, e voi. Arie: Com per me sereno. (Hamburg, Böhme.)
Gluck, Introduction und Arie aus der Oper: Orpheus: Ach ich habe sie verloren. (Berlin, Challier.)
Mercadante, Scene und Arie aus der Oper: Caritea: Ah! sestinto encor. (Wien, Spina.)
—— Recitativ und Arie aus der Oper: Nicotri. Recitativ: Numi, che interi ma. Arie: Se m'abbondoni. (Mailand, Ricordi.)
Meyerbeer, Aus der Oper: Il Crociato in Egitto. Recitativ: Eccomi giunto o mai. Arie: Oh! come rapida. (Bonn, Simrock.)
Mozart, W. A., Arie mit obligater Violine. Scene: Genug, ich bin entschlossen. Arie: Lass o Freund uns standhaft scheiden. (Leipzig, Breitkopf u. Härtel.)

Mozart, W. A., Arie mit obligater Clarinette aus der Oper: Titus: Parto ma to, ben mio. (Bonn, Simrock.)

—— Concertarie Nr. 2. Recitativ: Bella mia fiamma. Arie: Resta e cara. Mit Orchesterbegleitung. (Leipzig, Breitkopf u. Härtel.)

Nicolai, 0., Arie aus der Oper: Il Templario. Ah! que guardo non celor. (Mailand, Lucca.)

Pär, Aus der Oper: Achilles. Recitativ: Comprendi, questo si caro. Arie: Languiro vicino a quelle. (Bonn, Simrock.)

Rossini, Arie aus der Oper: Der Barbier von Sevilla: Una voce poco fa. (Leipzig, Kistner.)

—— Aus der Oper: Donna del Lago. Recitativ: Mura felice. Arie: Toglierò al più forte. (Leipzig, Breitkopf u. Härtel.)

—— Aus der Oper: Italienerin in Algier. Recitativ: Amico, in ogni evento. Aria: Il tuo dovor adempi. (Mainz, Schott.)

—— Aus der Oper Semiramis. Recitativ: Eccomi al fine in Babilonie. Arie: Ah! quel giorno. (Wien, Spina.)

—— Aus derselben Oper: Recitativ: Serena i vaghi rai. Arie: Bell raggio lusinghiera. (Ebend.)

—— Aus der Oper: Tell. Recitativ: Eccomi sola alfin. Arie: Selva epaca. (Mainz, Schott.)

—— Aus derselben Oper. Recitativ: Endlich bin ich allein. Arie: Du stiller Wald. (Ebend.)

—— Aus der Oper: Tancred. Recitativ: O Vaterland.

Arie: Helft vollenden mein Beginnen. (Leipzig, Klemm.)

Mendelssohn-Bartholdy, Hymne mit Chor und Orgel: Hör mein Bitten. (Berlin, Bote u. Bock.)

Bellini, Aus der Oper: Die Puritaner. Arie: Qui la voce sua soave. (Mainz, Schott.)

—— Arie aus der Oper: Norma. Costa diva ch'inargenti. Aus derselben Oper. Arie: Keusche Göttin im silbernen Glanz. (Ebend.)

—— Aus der Oper: Romeo und Julie. Recitativ: Lieto del dolce. Arie: La Trementa ultrice. (Leipzig, Breitkopf u. Härtel.)

Meyerbeer, Aus der Oper: Robert der Teufel. Arie: Robert, mein Geliebter. Aus derselben: Arie: Geh, sagte sie. - Aus derselben: Gnadenarie. (Berlin, Schlesinger.)

Weber, C. M. v., Aus der Oper: Oberon. Arie: Ocean, du Ungeheuer! (Ebend.)

Balfe, Walzer-Arie: Il Piacer — Liebeslust. (Wien, Spina.)

Coppola, Recitativ und Rondo der Oper Nina: Enrico! Ta dre mio. (Mailand, Ricordi.)

Mozart, Aus der Oper: Don Juan. Recitativ: Crudele! — Ich grausam? Arie: Non mi dir — Ueber Alles bleibst du theuer. (Bonn, Simrock.)

—— Aus derselben Oper. Recitativ: In quali eccessi. In welchem Dunkel. Arie: Mi tradi quell' alma — Mich verlässt der Undankbare. (Leipzig, Breitkopf u. Härtel.)

Spohr, Aus der Oper: Faust. Scene: Die stille Nacht. Arie: Ja ich fühl es. (Leipzig, Peters.)
—— Aus der Oper: Jessonda. Recitativ: Ich hatt' entsagt. Arie: Hohe Götter, schauet nieder. (Ebend.)
—— Aus derselben Oper. Recitativ: Als ich in mitternächtger Stunde. Arie: Ach die fühlende betrübet. (Ebend.)
Bellini, Arie aus der Oper: Bianca e Fernando. Mit Quartettbegleitung. (München, Aibl.)
Cimarosa, Scena et Aria: Misera me — O wehe mir. (Bonn, Simrock.)
Coccia, Scena et Cavatina dell'Opera: Fajello — Pieta del mio color. Con Orchestra. (Mailand, Ricordi.)
Danzi, Recitativ ed Aria: Dunque mi lascia. Con Orchestra. Italienisch und deutsch. (München, Falter.)
Farinelli, Aria: Ecco a voi di Pace — Dir allein will ich. Con Orchestra. (Mainz, Schott.)
Fesca, Recitativ ed Aria: Sol può dir che sia contento — Ja, des Wiedersehens Freude. Con Orchestra. Op. 33. (Bonn, Simrock.)
Haydn, Ariadne à Naxos. Avec Orchestre. (Bonn, Simrock.)
—— Aus dem Oratorium: Die Jahreszeiten. Arie: Welche Labung für die Sinne. Arie: Licht und Leben. Mit Orchesterbegleitung. (Bonn, Simrock.)
Pär, Scena ed Aria di Camilla: Dunque mio figlio — Dich soll ich sehen. Con Orchestra. (Offenbach, André.)
—— Europa in Creta, Cantata. Con Orchestra. (Leipzig, Peters.)

Righini, Scena dell'Opera: Antigono. Bereni, che fai? Con Orchestra. (Leipzig, Peters.)
Rossini, Cavatina nel Aureliano in Palmira. Perchè mai de Luci. Con Orchestra. (Mailand, Ricordi.)
—— Preghiera nella Gazza ladra: Deh! tu reggi. Con Orchestra. (Ebend.)
Mozart, Arien, welche zu seinen Opern nicht gehören, mit Orchester. Nr. 1. Mia speranza — Ach sie stirbt. Nr. 2. Bella mia fiamma — Theuerstes Mädchen. Nr. 4. Scene: Ah, la providi! — Ach, meine Ahnung. Nr. 5. Scene: Ah, questo seno — In meine Arme. Nr. 7 Scene: Misera, doce son — Wehe mir. Nr. 8. Per pieta, non ricercate — Lass mir meinen stillen Kummer. Nr. 10. No; che non sei capace — Nein, Treue darf nicht wanken. Nr. 11. Scene: Ma che vi fece — Ach, was verbrach. Nr. 12. Al Desio, di chi — Lass Geliebter. (Breitkopf u. Härtel.)
Spohr, Scena ed Aria: Tu m'abbandoni, ingrato, con Orchestra. (Leipzig, Peters.)
Weber, C. M. v., Scena ed Aria d'Athalio: Misera, ed Orchestra. Op. 50. (Berlin, Schlesinger.)
—— Schottische Nationalgesänge mit neuen Dichtungen. Mit Flöte, Violine, Violoncell und Pianoforte. (Leipzig, Kistner.)
Bach, J. S., Arie aus der Pfingst-Cantate: Mein gläubiges Herze frohlocke. Sopran-Album. (Leipzig, Gumprecht.)
—— Echo-Arie aus dem Weihnachts-Oratorium. (Ebendaselbst.)

Gluck, Arie aus der Oper: Iphigenie in Tauris. Otoi, qui prolangeas mes jours — O du mich vom Tod. Sopran-Album. (Leipzig, Gumprecht.)

—— Arie aus der Oper: Iphigenie in Aulis. Recitativ: Seigneur! j'embrasse — O sieh zu Füssen. Arie: Par son père — Ach mit grausamem Sinn. (Ebend.)

Händel, Arie aus dem Messias: Ich weiss, dass mein Erlöser lebt. (Ebend.)

—— Arie aus demselben. Er weidet seine Heerde. (Ebend.)

—— Arie aus demselben. Wie lieblich ist der Boten Schritt. (Ebend.)

—— Lydisches Brautlied aus dem Oratorium: das Alexanderfest. Töne sanft du lydisch Brautlied. (Ebend.)

—— Aus der Oper: Rinaldo. Recitativ: Armida dispitata — Armida, Unbarmherzige. (Ebend.)

Haydn, J., Aus dem Oratorium: Die Schöpfung. Recitativ: Und Gott sprach. Arie: nun beut die Flur. (Ebend.)

—— Aus demselben. Recitativ: Und Gott sprach. Arie: Auf starkem Fittich. (Ebend.)

Mozart, W. A., Arie aus der Oper: Belmonte e Constanze: Oh, che gioja — Welche Wonne. (Ebend.)

—— Arie aus der Oper: Figaro's Hochzeit. Non so più consa son — Kann ich fassen es wohl. (Ebend.)

—— Aus derselben Oper. Arie: Porgi Amor — Gott der Liebe. (Ebend.)

—— Aus derselben Oper. Arie: Voi che sapete —

Sagt Holde (oder: Ihr die die Triebe des Herzens.)
Sopran-Album. (Leipzig, Gumprecht.)

Mozart, W. A., Aus der Oper: Figaro's Hochzeit. Recitativ: Gian se al fin — Endlich naht sich. Arie: De vieni — O komme, säume nicht. (Ebend.)

—— Aus derselben Oper. Arie: Batti, batti. Schmäle, tobe mein Masetto. (Ebend.)

—— Aus derselben Oper. Arie: Vedra carino — Ich weiss ein Mittel. (Ebend.)

—— Aus der Oper: Titus. Arie: Deh per questo — Ach nur noch einmal. (Ebend.)

—— Aus derselben Oper. Arie: Parto, Parto — Rache, Rache. (Ebend.)

—— Aus der Oper: Die Zauberflöte. Arie: Ah! lo so Ach, ich fühl's. (Ebend.)

Bach, J. S., Arie (mit obligater Violine) aus der Passionsmusik nach Evang. Matthäi. Erbarme dich. (Berlin, Schlesinger.)

Balfe, Scena e Cavatina nell'Opera: Manon Lescaut. O liefi di quando. O frohe selige Jugendzeit. (Wien, Spina.)

Verdi, Scena e Cavatina nell'Opera: Ernani. Hernani, o rette mich — Ernani, in volami. (Berlin, Schlesinger.)

Wagner, R., Lyrische Stücke aus der Oper: Lohengrin. Nr. 1. Elsa's Traum. Einsam in trüben Tagen. Nr. 2. Elsa's Gesang an die Lüfte. Euch Lüften. Nr. 3. Elsa's Ermahnung an Ortrud. Du Aermste kannst. (Leipzig, Breitkopf und Härtel.)

—— Arie aus der Oper: Der Tannhäuser. Dich

theure Halle. (Dresden, Meser.) Gebet der Elisabeth: Allmächtige Jungfrau. (Ebend.)
Vollweiler, Concert-Arie: Freundlich Licht. (Leipzig, Siegel.)
Mendelssohn-Bartholdy, Concertarie mit Orchester. Recitativ: Unglücksel'ge! Arie: Kehret wieder, goldne Tage. (Leipzig, Breitkopf u. Härtel.)
Beriot, Arie: Per mei sei libero. (Mainz, Schott.)
Rossini, Le Separazione. In der Ferne. Melodie dramatica. (Leipzig, Breitkopf u. Härtel.)
Bellini, Cavatine aus der Oper: Die Nachtwandlerin. Ach, selig leuchtet. (Hamburg, Böhme.)

B. Für Alt oder Mezzo-Sopran.

(Arien und Gesänge zum Concertvortrag mit Begleitung des Orchesters oder des Pianoforte.)

Cherubini, Arie aus der Oper: Medea. Deine Leiden sind. (Leipzig, Breitkopf u. Härtel.)
—— Offertorium: O Deus ego, mit Orchester. (Wien, Haslinget.)
Klein, B., Salve regina. (Berlin, Trautwein.)
Pergolese, Salve regina mit Quartettbegleitung. (Ebendaselbst.)
Händel, Arie aus dem Detlinger Te Deum. Figrare e Domine — Gewähre o Herr und Gott. Alt-Album. (Leipzig, Gumprecht.)
—— Arie aus der Oper: Rosalinde: Dove sei? Wo weilst du? (Ebend.)

Händel, Arie aus der Oper: Alcine: Verdi prati. Holde Thäler. (Alt-Album.) (Gumprecht, Leipzig.)

—— Arie aus der Oper: Semele. Recitativ: Awake, Saturnia. Wach auf Saturnia. (Ebend.)

—— Arie aus derselben Oper: Hence, hence, Iris. Fort, fort, lass uns schnell hinweg. (Ebend.)

—— Arie aus dem Oratorium: Samson. Return, return. O hör mein Flehen. (Ebend.)

—— Arie aus demselben. Ye sons of Israel. Ihre Söhne Israels. (Ebend.)

—— Aus dem Oratorium: Josua. Recitativ: Now, give the army breath. Nun gieb den Waffen Ruh. (Ebend.)

—— Aus demselben. Heroes, when with glory. Wenn der Held nach Ruhme dürstet. (Ebend.)

—— Aus dem Oratorium: Messias. Arie: He was depised. Er ward verschmähet. (Ebend.)

Bach, J. S., Arie aus der Cantate Nr. 6. „Bleib bei uns." Hochgelobter Gottessohn. (Ebend.)

—— Arie aus der Cantate Nr. 20. „O Ewigkeit, du Donnerwort". O errette deine Seele. (Ebend.)

—— Aus dem Weihnachts-Oratorium, erster Theil. Recitativ: Nun wird mein lieber Bräutigam. Arie: Bereite Dich, Zion. (Ebend.)

—— Arie aus der Johannes-Passion: Es ist vollbracht. (Ebend.)

—— Arie aus der H-moll-Messe: O Lamm Gottes — Agnus Dei. (Ebend.)

Haydn, J., Arie aus dem Stabat mater: Fac me verum tecum flere. Lass mich weinen. (Ebend.)

Mozart, W. A., Aus der Oper: Titus. Recitativ: Ecco el punto — Ha sie schlägt schon. Arie: Non più di fiori — Nie wird ein Brautkranz. Alt-Album. (Leipzig, Gumprecht.)

Beethoven, Aus den schottischen Liedern. Der treue Johanie. When will you come — O wann kehrst du zurück. (Ebend.)

Gluck, Arioso mit Chor ans der Oper: Orpheus. Akt II. Deh placatevi. Ach erbarmt, erbarmt euch mein. (Ebend.)

—— Arie aus der Oper: Orpheus. Chiamo il mio ben cosi. Sehnsuchtsvoll ruf ich dich. (Ebend.)

—— Arie aus derselben Oper. Che farò senza Euridice. Kann ich leben Euridice. (Ebend.)

—— Arie aus der Oper: Der königliche Schäfer. Per me sispondata. Ihr könnet es sagen. (Ebend.)

—— Aus derselben Oper: Ogn'altro affetto. Den Helseh ich wieder. (Ebend.)

—— Ode an den Tod von Klopstock. O Anblick der Glanznacht. (Ebend.)

Händel, Ezio. Arie: Selbst den armen niedern Sklaven. Nasce al bosco (Berlin, Schlesinger.)

Rossini, Scene e Cavatina nell Torvaldo e Torliska. Fra un Istante, con Orchestra. (Mailand, Ricordi.)

Meyerbeer, Arioso aus der Oper: Der Prophet. Nr. 8. Ah mon fils. Ach mein Sohn! (Leipzig, Breitkopf u. Härtel.)

—— Aus derselben Oper: Die Bettlerin. Donnez, donnez. O gebt, o gebt. (Ebend.)

—— Rondo. Als Einlage in die Hugenotten, in der

Rolle des Pagen. Nein, niemals in der That. (Leipzig, Breitkopf u. Härtel.)

Händel, Aus dem Oratorium: Der Messias. Arie: O du der Gutes predigt zu Zion. (Bonn, Simrock.)

Rossini, Cavatina nell'Elisabetta Regina d'Inghilterra: Bell alme generose. Con Orchestra. (Mailand, Ricordi.)

—— Scena e Rondo nell'Italiano in Algeri: Pensa alla Patria. Con Orchestra. (Ebend.)

Rosetti, Aus dem Oratorium: Der sterbende Jesus. Arie: Weine, königliche Blume. (Berlin, Schlesinger.)

Wagner, R., Aus der Oper: Der Tannhäuser. Gesang der Venus. (Nr. 3): Geliebter komm. (Dresden, Meser.)

C. Für Tenor.

(Arien und Gesänge zum Concertgebrauch mit Begleitung des Orchesters oder des Pianoforte.)

Mozart, W. A., Arie aus der Oper: Idomeneo. Se tuo Duol. Wenn dein Schmerz. Mit Orchester. (Bonn, Simrock.)

Boieldieu, Arie aus der Oper: Johann von Paris. Der Ritterschaft Zierde und Glanz. (Leipzig, Peters.)

Gluck, Aus der Oper: Iphigenia in Tauris. Recitativ: Wie drücken diese Worte. Arie: Nur einen Wunsch. (Berlin, Bote u. Bock.)

Marschner, H., Arie aus der Oper: Hans Heiling. Gönne mir ein Wort der Liebe. (Leipzig, Hofmeister.)

Mehul, Aus der Oper: Joseph. Recitativ: Ach mir lächelt umsonst. Arie: O Vaterland, dich muss ich jung verlassen. (Leipzig, Breitkopf u. Härtel.)

Mozart, W. A., Arie aus der Oper: Die Entführung. Constanze dich wieder zu sehn. (Bonn, Simrock.)

—— Arie aus der Oper: Die Zauberflöte. Dies Bildniss ist bezaubernd schön. (Ebend.)

Stradella, Kirchenarie (vom Jahre 1667) Aria di chiesa. Se mie sospiri. (Leipzig, Kistner.)

Mendelssohn-Bartholdy, Cavatine aus dem Oratorium: Paulus. Sei getreu bis in den Tod. (Bonn, Simrock.)

Danzi, Recitativ et Aria: Ah, che Incertezza, con Orchestra. (Italienisch und deutsch.) (München, Falter.)

Donizetti, Cavatine aus der Oper: Anna Bolena. Rette dich — Vivi tu. Mit Quartettbegleitung. (München, Aibl.)

Haydn, J., Aus dem Oratorium: Die Jahreszeiten. Arie: Dem Druck erlieget. Arie: Hier steht der Wandrer. Mit Orchesterbegleitung. (Bonn, Simrock.)

—— Aus dem Oratorium: Die Schöpfung. Mit Würd' und Hoheit. Mit Orchester. (Ebend.)

Paer, Aria di Camilla: Cara parte — Du mein Alles. Con Orchestra. (Offenbach, André.)

Paer, Aria di Camilla: In quel gentil — Du trägst o sanfte Seele. (Ebend.)

—— Arie aus Sophonisbe: Amo un volto — Ja, ich weih mein Herz. Mit Orchester. (Bonn, Simrock.)

Weber, C. M. v., Scena ed Aria d'Ines de Castro: Se Padre sei. Con Orchestra. Op. 53. (Berlin, Schlesinger.)

—— Arie aus der Oper: Oberon. Von Jugend auf im Kampfgefild. (Ebend.)

Mozart, Aus der Oper: Don Juan. Arie: Dalla sua pace. Ein Band der Freundschaft. (Leipzig, Breitkopf u. Härtel.)

—— Aus derselben Oper: Arie: Thränen vom Freunde getrocknet. (Offenbach, André.)

Auber, Schlummerarie aus der Stummen von Portici. Des Armen Trost. (Leipzig, Kistner.)

Boieldieu, Arie: (Nr. 2) aus der weissen Dame: O welche Lust Soldat zu sein. (Mainz, Schott.)

Reissiger, Arie mit Chor: Heisa, stosst fröhlich an. Aus der Oper: Die Felsenmühle. (Bonn, Simrock.)

Spohr, Arie aus der Oper: Jessonda. Recitativ: Still lag. Rondo: Dass mich Glück. (Leipzig, Peters.)

Halevy, Romanze aus der Oper: Guido und Ginevra. Pendant la fête — Ein himmlisch Wesen war erschienen. (Leipzig, Breitkopf u. Härtel.)

Lortzing, Romanze aus Czaar und Zimmermann. Lebe wohl mein flandrisch Mädchen. (Ebend.)

Wagner, R., Tannhäusers Lied: (Nr. 2) Dir töne Lob. (Dresden, Meser.)

Zumsteeg, Arie aus Elbondokani: Die du im Schöpfungsraume. (Leipzig, Breitkopf u. Härtel.)

Dessauer, Romanze aus der Oper: Ein Besuch in St. Cyr. Mir schwebt ein holdes Bild. (Leipzig, Hofmeister.)

Donizetti, Aus der Oper: L'ajo nell'Imbarazzo. Scene und Arie: Talor nel mio delirio. Oft sah ich nur in meinem Wahn. (Ebend.)

Kreutzer, C., Arie aus der Oper: Libussa. So mögt ihr muntern Thiere weiden. (Ebend.)

Lindpaintner, Cavatine aus der Oper: Die Macht des Liedes. Heil'ge Kunst. Nr. 11. Romanze: An Delias Treue glaub ich. Nr. 2. Recitativ und Lied: Der Sang der Nachtigal. (Ebend.)

Lortzing, Arie aus der Oper: Die beiden Schützen. Ihr freundlich stillen Fluren. Nr. 15. (Ebend.)

Marschner, Arie aus der Oper: Der Vampyr. Wie ein schöner Frühlingsmorgen. Nr. 7. (Ebend.)

—— Arie aus der Oper: Der Templer und die Jüdin. Es ist dem König Ehr und Ruhm. Nr. 11. (Ebend.)

—— Arie aus der Oper: Hans Heiling. Gönne mir ein Wort der Liebe. Nr. 13. (Ebend.)

—— Aus Op. 109. Klänge aus Osten. Nr. 2. Assads Ständchen: O hör mein Flehen. (Ebend.)

Reissiger, Aus der Oper: Libella. Lied: O silberner Strom. (Ebend.)

Spontini, Arie aus der Oper: Ferdinand Cortez. Ja entsagt diesem schönen Loose. (Ebend.)

Balliwoda, Aus der Oper: Prinzessin Christine. Arie: Wenn in des Waldes. Nr. 3. (Leipzig, Peters.)

Händel, Arie aus dem Oratorium: Der Messias. Du zerschlägst sie. (Bonn, Simrock.)

Wagner, R., Der Tannhäuser, Oper. Tannhäusers Erzählung: Imbrunst im Herzen. Nr. 18. (Dresden, Meser.)

Mozart, Arie aus der Oper: Titus. Der höchste Thron der Erde. Nr. 6. Wäre jedes Herz am Throne. Nr. 8. Steht die Herrschaft. Nr. 20. (Ebend.)

Weber, C. M. v., Romanze aus Eurianthe: Unter blühenden Mandelbäumen. (Wien, Haslinger.)

—— Arie aus der Oper: Oberon. Von Jugend auf im Kampfgefild. (Berlin, Schlesinger.)

—— Arie aus der Oper: Der Freischütz. Durch die Wälder, durch die Auen. (Ebend.)

Adam, A., Arie aus der Oper: Die Schweizerhütte. Elle est moi. Sie ist nun mein. (Leipzig, Breitkopf u. Härtel.)

Beethoven, Aus der Oper: Fidelio. Indroduction, 2. Akt: Gott! welch Dunkel hier. (Ebend.)

Cherubini, Romanze aus der Oper: Der Wasserträger. Nr. 1. Einst fiel ein kleiner Savoyard. Un pauvre petit Savoyard. (Ebend.)

—— Recitativ und Romanze aus der Oper: Ali Baba. Ces de toi, ma Delie. Du allein weisst, o Theure. (Ebend.)

Herold, Arie aus der Oper: Marie. Arie (mit Chor): Déjà le jour commence. Der Tag erwacht. Nr. 2. Par un prestige flatteur. Nr. 3. (Ebend.)

Hiller, F., Aus der Oper: Ein Traum in der Christnacht. Lied: In einem kühlen Grunde. (Leipzig, Breitkopf u. Härtel.)
Mehul, Scene et Rondeau del'Opera: Une folie. Welchen Weg schlag ich ein. (Ebend.)
Mendelssohn-Bartholdy, Aus dem Liederspiel: Heimkehr aus der Fremde. Lied: Wenn die Abendglocken läuten. (Ebend.)
Meyerbeer, Aus der Oper: Die Hugenotten. Arie: A la lucur de leurs. Ich sah beim Scheine. (Ebend.)
—— Aus der Oper: Der Prophet. Pastorale: Pour Perthe moi. Keins von allen Erdenreichen. Nr. 7. (Ebend.)
Mozart, Arie: Wie schön ist die Liebe. Un'ama amorosa. Mit Quartettbegleitung. (Ebend.)
Paer, Aus der Oper: Sargino. Romanze: Una fida pastorella. Seine Hirtin ohn Erbarmen. (Ebend.)
Mozart, Aus der Cantate: Davidde penitente. Arie: Ich klagte dir. (Bonn, Simrock.)
Hiller, F., Der 25. Psalm: Die auf den Herrn hoffen. Mit Chor. (Mainz, Schott.)
Reinthaler, Aus dem Oratorium: Jephta und seine Tochter. Scene und Arie: Lieblich und wie schön die Rose. (Leipzig, Breitkopf u. Härtel.)
Rossini, Beppa. Romanze. (Berlin, Schlesinger.)
—— Canzonetta. Mi languero tacendo. Heimlich nur will ich klagen. (Wien, Spina.)
—— Cavatina: Deh pietoso Cielo. O Himmel meine Lieben. (Wien Spina.)
—— Arie aus der Oper: Graf Ory. Que les destins

prosperes. Es werd' euch stets. (Leipzig, Breitkopf u. Härtel.)

Rossini, 3 Gesänge, Nr. 1. Die Hirtin. Nr. 2. Liebeskummer. Nr. 3. Die grausame Schöne. (Leipzig, Breitkopf u. Härtel.)

Wagner, R., Lyrische Stücke aus der Oper: Lohengrin. Nr. 5. Lohengrin's Verweis an Elsa. Nr. 6. Lohengrin's Ermahnung an Elsa. Nr. 7. Lohengrin's Herkunft. Nr. 8. Lohengrin beim Abschied. (Ebend.)

Verdi, Ballata: Questo oquella. Alle Frauen. (Wien, Spina.)

Meyerbeer, Der Nordstern. 2 Einlagen für Tenor mit Orchester. (Für Tichatschek componirt.) Nr. 1. Wenn Muth und Vertrauen. Nr. 2. Amoroso: Ach wie schmachtend und bleich. (Berlin, Schlesinger.)

Righini, Arie: Soffro per or. Jetzt will den Schimpf. Mit Quartettbegleitung. (Leipzig, Breitkopf u. Härtel.)

—— Arie: Schrecklich war der Wellen. Mit Quartettbegleitung. (Ebend.)

Zingarelli, Arie: Ombra oderata: Weile o theurer Schatten. Mit Quartettbegleitung. (Ebend.)

D. Für Bass oder Bariton.
(Arien und Gesänge zum Concertgebrauch mit Orchesterbegleitung oder des Pianoforte.)

Mozart, W. A., Arie: Per questa bella mano, für Bass mit Orchester. (Offenbach, André.)

Mozart, W. A., Scena et Aria: Non sò donde viene p. Basso. Italienisch und deutsch. Mit Orchester. (Leipzig, Peters.)

—— Bass-Arie: Montre ti lascio — Bald muss ich. Mit Orchester. (Leipzig, Breitkopf u. Härtel.)

Spohr, Arie aus der Oper: Jessonda, für Bariton. Der Kriegslist ergeben. (Leipzig, Peters.)

Marschner, Arie aus der Oper: Hans Heiling. An jenem Tag. Für Bariton. (Leipzig, Hofmeister.)

Spontini, Arie aus der Oper: Ferdinand Cortez. O Vaterland. Für Bass. (Ebend.)

Mendelssohn-Bartholdy, Arie aus dem Oratorium: Paulus. Für Bariton. Sei getreu bis in den Tod. (Bonn, Simrock.)

Donizetti, Il rinegato. (Der Renegat.) Für Bass. Mit Quartettbegleitung. (München, Aibl.)

Haydn, J., Aus dem Oratorium: Die Jahreszeiten. Bassarie. Schon eilet froh der Ackersmann. Bassarie: Seht auf die breiten Wiesen. Bassarie: Erblicke hier. Mit Orchesterbegleitung. (Bonn, Simrock.)

—— Aus dem Oratorium: Die Schöpfung. Bassarie: Nun scheint im vollem Glanze. Mit Orchester. (Ebend.)

Marschner, Einlage zur Oper: Hans Heiling. Grosse Scene und Arie: Ha! ihr glaubt euch schon zum Ziel. Für Bariton. Mit Orchesterbegleitung. (Leipzig, Hofmeister.)

Cimarosa, Arie aus der Oper: Matrimonio segretto. Udite, tutti. O höret. Für Bass mit Orchester. (Bonn, Simrock.)

Haydn, Bassarie aus den Jahreszeiten: Der muntre Hirt. Tôt le Berger. Mit Orchester. (Bonn, Simrock.)

Mozart, Arie aus der Oper: Cosi fan tutte. Wendet doch zu ihm die Blicke. Für Bass oder Bariton mit Orchester. (Offenbach, André.)

Weber, C. M. v., Scene und Arie aus der Oper: Eurianthe. Scene: Wo berg ich mich? Arie: Schweige, glühenden Sehnens. Für Bass. (Wien, Haslinger.)

Spohr, Recitativ und Arie aus der Oper: Faust. Für Bass. Stille doch dies Wuthverlangen. (Leipzig, Peters.)

Mozart, Arie für Bass: Non più andrai. Jetzt mein zärtliches. Mit Quartettbegleitung. (Leipzig, Breitkopf u. Härtel.)

Righini, Arie für Bass: Se il ciel — Ist das Loos beschieden. Mit Quartettbegleitung. (Ebend.)

Rossini, Arie für Bass: Songi, amate. Der muss gehorchen. Mit Quartettbegleitung. (Ebend.)

Haydn, Bassarie aus den Jahreszeiten: Erblicke hier. Mortel, contemple. Mit Orchester. (Bonn, Simrock.)

―― Bassarie aus der Schöpfung: Rollend in schäumenden Wogen. (Ebend.)

―― Bassarie aus derselben: Nun schein im vollen Glanze. Mit Orchester. (Ebend.)

Maurer, Fr., Bassarien mit Orchester. 1. Ach Laura wann schlägt die Stunde. 2. Kaum trau ich meinen Sinnen. 3. O che mania. Von diesen Händen. 4.

Sei tradito. Weh mir Armen. 5. O porero mio.
O friedliche Ruhe. (Offenbach, André.)

Mayer, A., Scene und Arie: Holdes Mädchen. Für Bass mit Orchester. Nr. 1. (Leipzig, Hofmeister.)

—— Recitativ und Cavatine: Blumen erblühn. Il fresco. Für Bass mit Orchester. (Ebend.)

Paer, Aria di Camilla: Cadice bella. Cadix, wenn deine Thürme. P. Basso. (Mailand, Ricordi.)

Marschner, Scene und Arie aus: Der Templer und die Jüdin. Mich zu verschmähen. Für Bariton. Nr. 12. (Leipzig, Hofmeister.)

Cimarosa, Der Capellmeister. Ein komisches Intermezzo für eine Bassstimme. (Ebend.)

Mendelssohn-Bartholdy, Aus Op. 31. Psalm. Nr. 3. Bassarie: Er segne euch. (Bonn, Simrock.)

—— Aus dem Oratorium: Elias. Für Bass. Nr. 13 und 14. Recitativ und Arie: Herr Gott Abrahams. Nr. 16 und 17. Recitativ und Arie: Ist nicht des Herrn Wort. Nr. 26. Arie: Es ist genug. Op. 70. (Bonn, Simrock.)

Schneider, Fr., Bass-Arie aus dem Oratorium: Das Weltgericht. Wehe, wir sind verloren. (Leipzig, Hofmeister.)

Beethoven, Aus Fidelio. Arie mit Chor für Bass. Auf euch nur will ich bauen. Nachgelassenes Werk. (Leipzig, Breitkopf u. Härtel.)

Benedict, Aus der Oper: Die Bräute von Venedig. Nr. 17. Recitativ, Scene und Arie (Bass): Schweig, wildes Herz. (Stuttgart, Hallberger.)

Cherubini, Aus der Oper: Der Wasserträger. Nr. 2.

Lied für Bass. Ha, segne Gottheit. (Leipzig, Breitkopf u. Härtel.)

Donizetti, Aus der Oper: Dom Sebastian. Nr. 2. Cavatina für Bariton: Guerrier sognai. Soldat zu Land. Nr. 24. Barcarolla für Bass: La notte è serena. Dn Fischer aus der Ferne. (Wien, Spina.)

Ernst, Herzog zu Sachsen, Recitativ und Wanderlied für Bass: Auf, auf. Aus der Oper: Casilda. Nr. 21. Zigeunerlied. Fröhlich, freudig. Nr. 28. (Wien, Glöggl.)

Halevy, Aus der Oper: Die Rosenfee. Nr. 1. Bassarie: Art divin. (Hohe Kunst.) (Berlin, Schlesinger.)

—— Aus der Oper: Das Thal von Andorra. Nr. 14. Romanze für Bass: Der Verdacht. Le Soupçon. (Berlin, Bote u. Bock.)

Hiller, F., Aus der Oper: Ein Traum in der Christnacht. Ballade für Bass: Wenn Alles schläft. (Leipzig, Breitkopf u. Härtel.)

Kreutzer, C., Gesänge aus Göthe's Faust. Nr. 8. Recitativ und Boleros für Bass: Es war einmal ein König. (Wien, Witzendorf.)

Kücken, Seemannslied für Bass: Holdes Liebchen. Aus der Oper: Der Prätendent. (Leipzig, Kistner.)

Lindpaintner, Aus der Oper: Die sicilianische Vesper. Op. 113. Nr. 3. Arie für Bass: Wenn des Landes Fahnen fliegen. (Mainz, Schott.)

Litolff, Ballade für Bass aus der Oper: Die Braut von Kynast: (Nr. 3) Von jenes hohen Schlosses Mauer. (Braunschweig, Litolff.)

Lortzing, Romanze aus der Oper: Undine. Für Bariton. Nr. 12. Es wohnt am Seegestade. (Leipzig, Breitkopf u. Härtel.)

—— Lied für Bass aus der Oper: Der Waffenschmied. Nr. 13. Auch ich war ein Jüngling von lockigem Haar. (Ebend.)

—— Lied für Bariton aus der Oper: Czaar und Zimmermann: Sonst spielt ich. (Ebend.)

Meyerbeer, Lied aus der Oper: Der Prophet. Für Bass, mit Chor. Unzählbar. Aussi nombreux. (Ebend.)

Mozart, Arie für Bass aus der Oper: Die Zauberflöte: In diesen heil'gen Hallen. (Leipzig, Siegel.)

—— Arie für Bass aus der Oper: Die Hochzeit des Figaro: Dort vergiss leises Flehn. (Ebend.)

—— Aus der Oper: Cosi fan tutte. Arie für Bass: Ihr schelmischen Augen. (Ebend.)

Nicolai, O., Aus der Oper: Die lustigen Weiber von Windsor. Lied für Bass, mit Chor: Als Büblein klein. (Berlin, Bote u. Bock.)

Rossini, Cavatine aus der Oper: Cenerentola. Für Bass. Come un'ope. Wie die Biene. (Wien, Spina.)

Stegmayer, Lied mit Chor. Für Bariton. Flimmert das Gold. (Leipzig, Breitkopf u. Härtel.)

Salomau, Aus der Oper: Das Diamantkreuz. Serenade für Bariton: In stiller mondheller Nacht. (Leipzig, Schuberth u. C.)

Schmidt, G., Aus der Oper: Prinz Eugen. Scene und

Arie für Bass: So will ich ruhig. (Leipzig, Breitkopf und Härtel.)

Verdi, Aus der Oper: Rigoletto. Scena ed Aria p. Bariton: Cortigiani. (Mailand, Ricordi.)

Wagner, R., Aus der Oper: Tannhäuser. Nr. 11 Erster Gesang Wolfram's (Bariton): Blick ich umher. Nr. 12. Zweiter Gesang Wolfram's (Recitativ): O Himmel, lass dich jetzt erflehen. Phantasie Wolfram's: Wie Todesahnung. (Dresden, Meser.)

Wallace, Aus der Oper: Maritana. Nr. 13. Romanze für Bariton: Im stillen Glücke. Nr. 17. Cavatine für Bass: Hör mich Holde. (Ebend.)

II.

Lieder und Gesänge mit Pianofortebegleitung.

Beethoven, Adelaide von Matthison. Einsam wandelt. Op. 46. (Leipzig, Breitkopf u. Härtel.)
—— Sechs geistliche Lieder von Gellert. Nr. 1. Bitten. (Gott deine Güte.) Nr. 2. Gottes Allmacht und Vorsehung. Nr. 3. Die Liebe des Nächsten. Nr. 4. Vom Tode. (Meine Lebenszeit verstreicht.) Nr. 5. Die Ehre Gottes aus der Natur. Nr. 6. Busslied. (An dir allein hab ich gesündigt.) Op. 48. (Wien, Spina.)
—— Aus Op. 75. Mignon. (Kennst du das Land.) Neue Liebe neues Leben. (Herz, mein Herz.) (Leipzig, Breitkopf u. Härtel.)
Bellini, Vaga luna. (Goldner Mond der Flur.) (Bonn, Simrock.)
Cherubini, Ave Maria. Gruss dir, Maria. (Mainz, Schott.)

Curschmann, Aus Op. 3. Nr. 4. Bächlein, lass dein Rauschen sein. Nr. 6. Ich schnitt es gern in alle Rinden ein. (Berlin, Schlesinger.)

—— Aus Op. 11. Nr. 6. Der kleine Hans. (Berlin, Trautwein.)

Donizetti, Recucil de 6 Ariettes aus: Nuits D'Eté à Pausilippe. Italienisch und deutsch. (Mainz, Schott.)

Dorn, Aus Op. 51. Das Mädchen an den Mond. (Cöln, Schloss.)

Esser, Mein Engel. Eine Perle nenn ich mein. (Mainz, Schott.)

Franz, R., Aus Op. 1. Die Lotosblume. (Leipzig, Whistling.)

Giuliani, Der treue Tod von Th. Körner. (Bonn, Simrock.)

Himmel, Gebet während der Schlacht. (Ebend.)

—— An Alexis send ich dich. (Hamburg, Cranz.)

Keller, C., Alla polacca: Kennst du der Liebe Sehnen. (Bonn, Simrock.)

Krebs, C., An Adelheit. Op. 51. Die Heimath. Op. 143. Maurisches Ständchen. Op. 87. Es rauscht das rothe Laub. Op. 128. (Leipzig, Schuberth u. C.)

Kücken, Aus Op. 17. Wenn du wärst mein eigen. (Berlin, Trautwein.)

—— Aus Op. 18. Zwiegesang. Im Fliederbusch. Aus Op. 31. Maurisches Ständchen. (Leipzig, Whistling.)

Labarre, La pauvre Négresse. Die arme Negerin. Romanze. (Berlin, Bote u. Bock.)

Löwe, C., Aus Op. 1. Der Wirthin Töchterlein. Ballade. (Berlin, Schlesinger.)

Malibran, Mad., Matrosenlied. (Die Sonne sinkt.) Rataplan. Chansonette. (Leipzig, Hofmeister.)

Mendelssohn-Bartholdy, 6 Lieder. Op. 19. N. 1. Frühlingslied. Nr. 2. Das erste Veilchen. Nr. 3. Winterlied. Nr. 4. Neue Liebe. Nr. 5. Gruss. Nr. 6. Reiselied. (Leipzig, Breitkopf u. Härtel.)

—— 6 Gesänge. Op. 34. Nr. 1. Minnelied. Nr. 2. Auf Flügeln des Gesanges. Nr. 3. Frühlingslied. Nr. 4. Suleika. Nr. 5. Sonntagslied. Nr. 6. Reiselied. (Ebend.)

—— 6 Lieder. Op. 47. Nr. 1. Minnelied. Nr. 2. Morgengruss. Nr. 4. Volkslied: Es ist bestimmt. Nr. 5. Der Blumenstrauss. Nr. 3. Frühlingslied. Nr. 6. Bei der Wiege. (Ebend.)

Mozart, An Cloe. Wenn die Lieb. (Bonn, Simrock.)

—— Das Veilchen. (Leipzig, Siegel.)

—— Abend ist's. Alt-Album. (Leipzig, Gumprecht.)

Neukomm, An mein Schifflein. (Hamburg, Böhme.)

Pohlenz, Zwei Lieder. Nr. 1. Der Matrose. Nr. 2. Der kleine Tambour Veit. (Hannover, Nagel.)

—— Liebes-A-B-C. (Leipzig, Hofmeister.)

Proch, Das Alphorn. (Wien, Spina.)

—— Das Erkennen. (Ebend.)

Reichardt, J. F., Clärchens Lied: Freudvoll und leidvoll. (Hamburg, Cranz.)

Reichardt, Louise, Lied: Nach Sevilla. (Ebend.)

Reissiger, C. G., 2 Gesänge. Op. 14. Die Erzäh-

lung vom Schlossergesellen. Vater Noah. (Leipzig, Hofmeister.)
Reissiger, Aus Op. 69. Das Zigeunermädchen. (Dresden, Friedel.)
―― Der Zigeunerbube im Norden. (Ebend.)
Romagnesi, La petite Mendiante. Die kleine Bettlerin. (München, Aibl.)
Rossini, Aus: Les Soirées musicales. Collection de 8 Ariettes, avec Traduction française et allemande. (Mainz, Schott.)
Schubert, Fr., Erlkönig, Ballade. Op. 1. (Wien, Spina.)
―― Gretchen am Spinnrade. Op. 2. (Ebend.)
―― Aus: Op. 3. Nr. 2. Haidenröslein. Nr. 3. Jägers Abendlied. Nr. 4. Meeresstille. Aus Op. 4. Nr. 1. Der Wandrer. Nr. 3. Wandrers Nachtlied. Nr. 4. Morgenlied. Aus Op. 5. Nr. 1. Rastlose Liebe. Nr. 3. Der Fischer. Nr. 4. Erster Verlust. Nr. 5. Der König in Thule. Aus Op. 6. Nr. 1. Memnon. Nr. 3. Am Grabe Amselmo's. Op. 7. Nr. 1. Die abgeblühte Linde. Nr. 2. Der Flug der Zeit. Op. 8. Nr. 1. Der Jüngling am Hügel. Nr. 2. Sehnsucht. Nr. 3. Erlafsee. Nr. 4. Am Strome. Op. 12. Nr. 1. Wer sich der Einsamkeit. Nr. 2. Wer nie sein Brod. Nr. 3. An die Thüren will ich. Op. 13. Der Schäfer und der Reiter. Nr. 2. Lob der Thränen. Nr. 3. Der Alpenjäger. Op. 14. Nr. 1. Suleika. Op. 19. Nr. 1. An Schwager Kronos. Nr. 2. An Mignon. Nr. 3. Ganymed. Op. 20. Nr. 1. Sei mir 'gegrüsst. Nr. 2.

Frühlingsglaube. Nr. 3. Hänflings Liebeswerbung.
Op. 23. Nr. 1. Die Liebe hat gelogen. Op. 23.
Heft 2. Der Neugierige. Ungeduld. Heft 4. Die
liebe Farbe. Die böse Farbe. Heft 5. Trockne
Blumen. Op. 31. Suleika's zweiter Gesang. Op. 32.
Die Forelle. Op. 43. Die junge Nonne. Op. 52.
Nonnann's Gesang. Op. 72. Auf dem Wasser zu
singen. Op. 89. Der Lindenbaum. Die Post. Das
Wirthshaus. Op. 23. Schwanengesang. (Wien,
Spina.)

Schumann, R., Die beiden Grenadiere. (Leipzig,
Schuberth u. C.)

—— Aus Op. 36. Nr. 4. An den Sonnenschein. (Ebendaselbst.)

—— Aus Op. 51. Wenn ich früh in den Garten geh'.
Aus Op. 53. Blondels Lied. Spähend nach die
Eisengitter. Aus Op. 39. Frühlingsnacht. (Leipzig, Whistling.)

Spohr, Zwiegesang. (Mit obligater Clarinette.) Aus
Op. 103. (Leipzig, Breitkopf u. Härtel.)

—— Lied der Emma aus dem Drama: Der Erbvertrag.
(Berlin, Bote u. Bock.)

—— Rose wie bist du — aus Zemire und Azor. (Hamburg, Cranz.)

Speyer, Der Trompeter. Op. 31. (Offenbach, André.)

Stigelli, Die schönsten Augen. (Ebend.)

Taubert, Aus Op. 74. Nr. 1. Ich muss nun einmal
singen. (Leipzig, Hofmeister.)

—— Aus Op. 82. Nr. 1. Brautlied. (Leipzig, Breitkopf u. Härtel.)

Twietmayer, Aus Op. 3. Wär ich ein Stern. (Leipzig, Whistling.)

Volkslied, irisches. Des Sommers letzte Rose. (Leipzig, Stoll.)

—— thüringisches. Ach, wie ist's möglich. (Leipzig, Siegel.)

Da die Aufzeichnung aller beliebten Volkslieder viel Raum in Anspruch nehmen würde, so werden die Freunde derselben auf die neueste „Sammlung klassischer Volkslieder" (Leipzig. E. Schäfer.), welche vielseitige Anerkennung gefunden, aufmerksam gemacht. Sie zeichnet sich durch gute Bearbeitung (indem die Melodien grösstentheils im Umfange einer jeden Stimme liegen) und Billigkeit vortheilhaft aus.

Weber, C. M. v., 3 Canzonetten. (Italienisch und deutsch.) Op. 29. (Leipzig, Hofmeister.)

Weiss, J., Spielmanns Lied. Op. 17. (Berlin, Bote u. Bock.)

Abt, Fr., Aus Op. 39. Agathe. Wenn die Schwalben heimwärts. Irene. Ob ich dich liebe. (Stuttgart, Göpel.)

—— Aus Op. 54. Nr. 1. In den Augen liegt das Herz. Aus Op. 72. Bleib bei mir. (Offenbach, André.)

Alabieff, Die Nachtigall. Nationallied, russisch und deutsch. (Berlin, Schlesinger.)

Beethoven, Lied aus Egmont: Freudvoll und leidvoll. (Leipzig, Breitkopf u. Härtel.)

David, Fel., Les Hirondelles. Die Schwalben. (Berlin, Schlesinger.)

Düringer, Des Mädchens Klage. (Den lieben langen Tag.) (Leipzig, Klemm.)
Graben-Hoffmann, 500,000 Teufel. Für Bass. (Berlin, Schlesinger.)
Gumbert, Aus Op. 2. Nr. 3. Blau Aeuglein. Nr. 6. In den Augen liegt. (Ebend.)
—— Die Thräne. Op. 35. (Cassel, Luckhardt.)
—— Aus Op. 39. In meinem Herzen ist der schönste Ort. (Berlin, Schlesinger.)
Hölzel, Glockengeläute. Op. 25. (Wien, Haslinger.)
—— Die schönsten Augen. Op. 68. (Wien, Spina.)
Kreipl, s' Mailüfterl. Op. 2. (Dresden, Heydt.)
Lachner, J., Die Lotosblume. (Mannheim, Heckel.)
Lied, steyrisches. Hoch vom Dachstein. (Mainz, Schott.)
Lindblad, Lied Nr. 15. Der junge Postillon. (Bonn, Simrock.)
Lindpaintner, Die Fahnenwacht. Op. 114. (Leipzig, Schuberth u. C.)
Magazzari, La Rimenbranza. Romanza. (Mailand, Lucca.)
—— Römische Volkshymne auf Pius IX. (Berlin, Bote u. Bock.)
Nessmüller, Aus dem Liederspiele: Die Zillerthaler. Nr. 1. Wenn ich mich nach der Heimath sehn. (Leipzig, Breitkopf u. Härtel.)
Otto, J, u. **Lachner, V.,** In die Ferne. Preislieder. (Mannheim, Heckel.)
Pergolese, Siciliana. Alle Leiden. (Berlin, Schlesinger.)

Schäferlied, norwegisches. (Wien, Spina.)
Schubert, F., Nähe des Geliebten. Op. 5. Nr. 2. Geheimes. Op. 14. Nr. 2. Der Gondelfahrer. Op. 28. Die Sehnsucht von Schiller. Op. 39. Nacht und Träume. Op. 43. Nr. 2. Hymne an die Jungfrau. Op. 52. Nr. 6. Drang in die Ferne. Op. 71. Der blinde Knabe. Op. 101. (Wien, Spina.)
Abt, Fr., Hornist und Musketier (Für Bariton mit Pianoforte und Horn.) Op. 86. (Offenbach, André.)
—— 3 komische Lieder für Bass. Op. 87. Nr. 1. Beim Weine. Nr. 2. Rund. Nr. 3. Schönbart. (München, Aibl.)
—— Ave Maria. (Für Sopran.) Op. 96. (Ebend.)
Adam, Ad., Cantique de Noël. (Mainz, Schott.)
Adhèmar, Der calabresische Räuber. (München, Aibl.)
Arnaud, Die blauen Augen. Romanze. (Ebend.)
Dessauer, Frühlingsnacht. (Für Alt mit Violoncell.) Op. 53. (Wien, Spina.)
David, Ferd., Liebesschwur. (Leipzig, Schubert u. C.)
Franz, R., Aus Op. 3. Nr. 3. Frühling und Liebe. Nr. 6. Ach, wenn ich doch ein Immchen wär. (Leipzig, Breitkopf u. Härtel.)
Goldberg, Mädchen mit dem goldnen Bändchen. Op. 83. (Wien, Spina.)
Goldermann, Mailied. (Mit Violoncell oder Horn.) (Hannover, Nagel.)
Gumbert, Aus Op. 28. Nr. 3. Beim Scheiden. (Dresden, Friedel.)

Mauptmann, M., Aus Op. 22. Nr. 2. Wenn ich in deine Augen seh. (Leipzig, Breitkopf u. Härtel.)
—— Aus Op. 24. Nr. 1. Già la notte s'avvicina. (Ebend.)
Hölzel, Die Thräne von Hafner. Op. 80. (Wien, Spina.)
—— Das Häuserl am Roan. Op. 76. (Mainz, Schott.)
—— Die Gefälligkeit. Lied in österreichischer Mundart. Op. 81. (Wien, Wessely & Büsing.)
Josephson, Aus Op. 1. Nr. 5. Einsam bin ich jetzt. (Leipzig, Breitkopf u. Härtel.)
—— Aus Op. 6. Nr. 2. Spanische Romanze. Nr. 3. Mir ist nun ich dich habe. (Ebend.)
Klein, B., Lebewohl. (Ebend.)
Kreutzer, C., Aus Op. 64. Nr. 3. Die Kapelle. (Ebend.)
—— Perle, Thräne und Thautropfen. (Mainz, Schott.)
Kücken, Aus Op. 47. Nr. 4. Du schöne Maid. (Leipzig, Kistner.)
—— Aus Op. 55. Nr. 3. Lied: Ach Gott nun ist die Zeit vorbei. (Leipzig, Senf.)
—— Aus Op. 58. Nr. 1. Liebesbote. Nr. 2. Wunderlich. (Leipzig, Kistner.)
Lang, Josephine, Aus Op. 15. Nr. 4. Lüftchen, ihr plaudert. (Leipzig, Breitkopf u. Härtel.)
Leipoldt, Du wunderschönes Kind. Op. 2. (Leipzig, Kahnt.)
Lenz, Aus Op. 29. Nr. 1. Heimathlied. (Leipzig, Breitkopf u. Härtel.)
Linlei, G., Die Alpenblume. (The mountain daisy.) (Wien, Spina.)

Marschner, Aus Op. 107. Nr. 5. Ueberraschung. N. 7. Der wandernde Willie. (Leipzig, Breitkopf u. Härtel.)

Mehul, Le chanson de l'Hirondelle. Das Lied von der Schwalbe. (Wien, Spina.)

—— Arie aus der Oper: Die beiden Füchse. Schon in des Lebens Blüthenmai. (München, Aibl.)

Mendelssohn-Bartholdy, Keine von der Erde Schönen. There be nons of beauty's. (Leipzig, Breitkopf u. Härtel.)

—— Schlafloser Augen Leuchte. (Ebend.)

—— 12 Gesänge. Op. 8. Liv. 1. Minnelied im Mai. Das Heimweh. Italien. Erntelied. Pilgerspruch. Frühlingslied. Liv. 2. Matenlied. Anderes Maienlied. Abendlied. Romanze. (Berlin, Schlesinger.)

Niedermeyer, L'Ocean, la Nuit. (Der Ocean.) Melodie. (Mainz, Schott.)

Panseron, Au Revoir, Louise. (Luise, leb wohl.) Romanze. (Ebend.)

Reinicke, C., Aus Op. 5. Nr. 3. Durch schöne Augen. Nr. 4. Das Mädchen am Bache. (Leipzig, Breitkopf u. Härtel.)

—— Sie war die Schönste von Allen. (Cöln, Schloss.)

Reissiger, C. G., Lieder und Gesänge. Op. 50. Nr. 5. Ave Maria. (Dresden, Friedel.)

—— Lieder und Gesänge. (Für Bariton oder Alt.) Op. 200. (Leipzig, Siegel.)

Riccius, Das blaue Auge. (Cöln, Schloss.)

Rosenhain, Aus Op. 21. Nr. 1. Schlaflied. (Leipzig, Breitkopf u. Härtel.)

Schumann, R., Aus Op. 24. Nr. 1 Morgens steh ich auf und frage. Nr. 5. Schöne Wiege meiner Leiden. Nr. 9. Mit Myrthen und Rosen. (Ebend.)
—— Liederkreis. Op. 39. Nr. 7. Auf einer Burg. Nr. 8. In der Fremde. Nr. 9. Wehmuth. Nr. 10. Zwielicht. Nr. 12. Im Walde. (Leipzig. Whistling.)
—— Frauenliebe und Leben. Op. 42. Nr. 6. Süsser Freund. Nr. 8. An meinem Herzen. (Ebend.)
Sieber, F., 3 Schilflieder. (Für Alt.) Nr. 1. Drüben geht die Sonne scheiden. Nr. 2. Trübe wird's, die Wolken jagen. Nr. 3. Auf geheimen Waldespfade. (Dresden, Brauer.)
Wallace, Wiegenlied. (Für Alt.) (Leipzig, Schuberth u. C.)
Flotow, Heimwehlied aus der Oper: Indra. Welch wunderbares Weib. (Berlin Bote u. Bock.)
Ernst, Herzog zu Sachsen, 4 Lieder. Ave Maria. Zum grünen Kranze. Die Nelken. Der Spielmann. (Wien, Glöggl.)
Esser, 3 Lieder. Nr. 1. Gondoliera. Nr. 2. Und nimmer denkst Du mein. Nr. 3. Der Traum der ersten Liebe. Op. 29. (Mainz, Schott.)
Flotow, Für mich allein. (Für Tenor.) (Wien, Spina.)
Gade, Der Gondelier. (Kopenhagen, Lose u. Delbanca.)
—— Agnetes Wiegenlied. (Ebend.)
Hölzel, Op. 32. Meine Sehnsucht. Op. 81. Nachtgebet. Op. 83. Der Junggeselle. Op. 89. Ich komme nach. (Wien, Spina.)

Kreutzer, C., Aus Op. 64. Nr. 6. Ruhethal. (Leipzig, Breitkopf u. Härtel.)

Kücken, Aus Op. 3. Nr. 3. Loreley. Ballade für Bass. (Hamburg, Niemeyer.) Aus Op. 3. Nr. 2. Die Bergstimme. Ballade für Bass. (Ebend.)

Lachner, Fr., Vorüber. Op. 62. (Rudolstadt, Müller.)

—— 3 Lieder. Nr. 1. Himmel! hast du keine Sterne? Nr. 2. Die Quellen. Nr. 3. Das Echo. Op. 70. (Ebend.)

—— Die Grillen. (Ebend.)

Esser, Herz in Nöthen. (Wien, Glöggl.)

Suppé, Bete für mich. (Ebend.)

Marschner, H., Madelon, Bauernlied. Op. 161. (Leipzig, Senff.)

Neukomm, Aus Op. 10. Abschied. (Leipzig, Breitkopf u. Härtel.)

Reichardt, Die Sehnsucht. 1. Abth. Nr. 35. Das Veilchen. 3. Abth. Nr. 1. Klage. Wer nie sein Brot mit Thränen ass. 2. Abth. Nr. 33. (Ebend.)

Reinicke, Aus Op. 5. Nr. 5. Die schlafenden Sterne. (Ebend.)

Reissiger, C. G., Aus Op. 13. Nr. 5. Schwanenlied. Op. 16. Nr. 4. Röslein. (Ebend.)

—— Aus Op. 87. Nr. 2. Ständchen. Milde Abendlüfte. Nr. 4. Der warme Kuss. (Berlin, Schlesinger.)

—— Aus Op. 195. Pharao. Ballade für Bass oder Alt. (Elberfeld, Arnold.)

—— Der schlesische Zecher und der Teufel. Für Bass oder Bariton. (Leipzig, Klemm.)

Rosenhain, Aus Op. 21. Nr. 4. Lieb Liebchen leg's Händchen. (Leipzig, Breitkopf u. Härtel.)
Schumann, Aus Op. 51. Nr. 1. Sehnsucht. Nr. 3. Ich wandre nicht. Nr. 5. Liebeslied. (Leipzig, Whistling.)
Schubert, Fr., Aus Op. 165. Nr. 1. Der Liebende schreibt. (Wien, Spina.)
Streben, Aus Op. 8. Nachklänge. (Leipzig, Breitkopf u. Härtel.)
Taubert, Aus Op. 27. Nr. 5. Wiegend: Schlaf in guter Ruh. (Berlin, Schlesinger.)
Twietmayer, Aus Op. 4. Nr. 1. Gruss. Nr. 2. Gut Nacht. Nr. 3. Am Bach. Nr. 4. Am Strom. Nr. 5. Veilchen. Nr. 6. Wandrers Nachtlied. (Leipzig, Whistling.)
Weber, C. M. v., Italienisches Ständchen. Canzonette für Bass. (Leipzig, Peters.)
Suppé, Mein Oesterreich. „Dort wo die Schneeberg." (Wien, Haslinger.)
Curschmann, Op. 3. Nr 1. Willkommen du Gottes Sonne. Nr. 2. Liebeszauber. Nr. 3. Jägerlied. Nr. 4. Mein. Nr. 5. Waldgruss. Nr. 6. Ungeduld. (Berlin, Schlesinger.)
Reissiger, Der brave Grenadier. (Leipzig, Schuberth u. C.)
Schumann, R., 3 Gedichte von Chamisso. Op. 31. N. 1. Die Löwenbraut. Nr. 2. Die Kartenlegerin. Nr. 3. Die rothe Henne. (Ebend.)
—— Aus Op. 45. Nr. 1. Der Schatzgräber. Aus Op. 64. Nr. 3. Tragödie. (Leipzig, Whistling.)

Schumann, Clara, Liebeszauber: (Leipzig, Schuberth u. C.)

Suppé, Aus Op. 40. Nr. 5. Weine nicht. (Wien, Haslinger.)

—— 's Dirndl als Concertsängerin. Gedicht in österreichischer Mundart. (Wien, Glöggl.)

Dorn, Aus Op. 76. Nr. 3. Des Müllerburschen Abschied. Nr. 4. Schwabentrost. (Berlin, Schlesinger.)

Gumbert, Aus Op. 11. Nr. 4. Was ich so tief im Herzen trage. (Ebend.)

Kücken, Aus Op. 61. Der kleine Rekrut. (Leipzig, Kistner.)

Lührss, Lieder. Op. 19. Heft 1. O lieb' so lang. Frühlingsglaube. Deine Liebe ist mein Himmel. Und fühlst du nicht. Im Rosenbusch die Liebe schlief. Meine Lieb' ist eine Rosa. Heft 2. Wo still ein Herz. So wahr die Sonne scheinet. Nachtgesang. Die tausend Grüsse. Sängers Rose. Kommen und Scheiden. (Berlin, Schlesinger.)

Molique, Aus Op. 27. Nr. 1. Sag an, o lieber Vogel mein. Nr. 4. Hannchen über Alles. (Leipzig, Hofmeister.)

Proch, H., Minnelied. Op. 187. (Wien, Spina.)

Spohr, Singet die Nachtigal. (Aus Kerker und Krone.) (Leipzig, Schuberth u. C.)

Taubert, Aus Op. 27. Nr. 6. Schlummerlied. (Berlin, Schlesinger.)

Berens, Singe, sing'. Op. 49. (Leipzig, Schuberth u. C.)

Berg, Der Hirt. Schwedisches Lied. (Berlin, Bote u. Bock.)

Franz, R., Aus Op. 1. Nr. 10. Schlummerlied. Op. 5. Nr. 2. Liebchen ist da. Nr. 3. Auf dem Meere. Nr. 10. Erinnerung. Op. 10. Nr. 6. Umsonst. Op. 17. Nr. 4. Die Trauernde. Op. 18. Nr. 2. Im Rhein, im heiligen Strome. Op. 21. Nr. 1. Willkommen mein Wald. Nr. 6. Verlass mich nicht. (Leipzig, Whistling.)

Gretscher, Aus Op. 11. Nr. 1. Singvöglein und Sommervöglein. Nr. 2. Das Veilchen. (Leipzig, Siegel.)

Naus, Katheleen Movourneen! Irisches Volkslied. (Ebend.)

Schumann, R., Aus Op. 77. Nr. 1. Der frohe Wandersmann. (Leipzig, Whistling.)

—— Rothes Röslein. (Leipzig, Schuberth u. C.)

Tschirch, Das blaue Auge, aus Op. 36. Nr. 3. (Magdeburg, Heinrichshofen.)

Curschmann, Die Rose. (Hannover, Bachmann.)

Esser, Aus Op. 51. Vom Berg ergeht ein Rufen. (Mainz, Schott.)

Häser, Gute Nacht. Frühlingstoaste. (Cassel, Luckhardt.)

Kittl, Wilde Rosen an Hertha von Saphir. Op. 3. (Wien, Haslinger.)

Krebs, C., Mein Herz ist im Hochland. Op. 73. (Leipzig, Schuberth u. C.)

—— Der sterbende Krieger. (Für Bass.) Op. 58. (Cassel, Luckhardt.)

Löwe, C., Die Mutter an der Wiege. (Hannover, Bachmann.)
Marschner, H., Das Geheimniss. (Ebend.)
Mozart, Lieder. Nr. 4. Trennungslied. (Die Engel Gottes.) (Mainz, Schott)
Reissiger, Balladen. (Für Bass oder Bariton.) Nr. 2. Der treue Knabe. Nr. 3. Die Botschaft. Op. 95. (Dresden, Friedel.)
Rubinstein, Aus Op. 34. Nr. 9. Gelb rollt zu meinen Füssen. (Leipzig, Kistner.)
Schumann, R., Dichterliebe. Liedercyclus aus dem Buche der Lieder von Heine. Op. 48. Heft 1., 2. (Leipzig, Peters.)
Spohr, Deutsche Lieder und Gesänge aus Op. 41. Nr. 7., 8. Des Mädchens Sehnsucht. Ach wär ich nur ein Vögelein. Nr. 9., 10. An Mignon. Klagelied von den drei Rosen. Nr. 11. Der erste Kuss. Nr. 12. Vanitas, vanitatum vanitas. (Ebend.)
—— 6 Gesänge und Lieder. Nr. 1. Zu Augsburg steht. Nr. 2. Das Kind schläft unter dem Rosenstrauch. Nr. 3. Was wecken aus dem Schlummer. Nr. 4. Was treibt mich hin. Nr. 5. Ich bin so bleich. Nr. 6. Lieben warum sollt ich nicht. Op. 105 (Berlin, Challier.)
—— Aus Op. 39. Nr. 2. Maria. (Cassel, Luckhardt.)
Stradella, Gebet. (Für Alt.) Pietà Signore. (Lass die Sünden.) (Vom Jahre 1667.) (Berlin, Schlesinger.)
Weber, C. M. v., Aus Op. 30. Nr. 2. Es stürmt auf

der Flur. Nr. 3. Unbefangenheit. N. 5. Reigen.
N. 6. Sind es Schmerzen. (Berlin, Schlesinger.)
Proch, H., Romanze: Ich schritt getrost an ihrer Seite.
Op. 119. Wo ein treues Herz in Liebe vergeht. Op.
128. Das treue Lied. Op. 130. Liebestöne. Op.
131. Tyrolerlied. Op. 133. Das Schwabenmädl.
Op. 135. Nachts. Ständchen. Op. 139. Morgengruss. Op. 141. Wanderlust. Op. 145. Nimmer
lächelt mir Freude. Op. 154. Sehnsucht nach der
Heimath. Op. 157. Vom nächtlichen Schweigen
umgeben. Op. 158. Woher dies Sehnen. Thema
und Variationen. Op. 164. Das Blümlein. Op.
167. (Wien, Spina.)
Witt, L. F., Abend. Im Volkston. Aus Op. 45. (Hamburg, Fr. Schuberth.)
—— Es schlägt uns oft das Herz so bang. (Ebend.)
Zumsteeg, Emilie, Aus Op. 5. Nr. 3. Gut Nacht,
fahr wohl. (Stuttgart, Zumsteeg.)
Reichardt, J. F., Aus Göthes Lieder. 2. Abth. Nr.
7. Dem Schnee, dem Regen. (Leipzig, Breitkopf
u. Härtel.)
Abt, Fr., Aus Op. 93. N. 3. Nachtruhe. Nr. 5.
Tausend Grüsse. Aus Op. 107. Nr. 10. Der
Schweizerbue. (Offenbach, André.)
Mozart, Lied: Vergiss mein nicht. (Leipzig, Siegel.)
Schulz-Weida, Op. 30. Nr. 1. Das Sträusschen.
Nr. 2. Ihr Sternlein. (Leipzig, Kahnt.)
Speier, W., Hocuspocus von Kopisch. Op. 53. Schlaf
mein Herz in Frieden. Op. 54. (Offenbach,
André.)

Staudigl, 6 Lieder für Bass. Nr.1. In's Meer. Nr.2. Sonntag. Nr. 3. Wogentäuschung. Nr.4. Das Süsseste und Schwerste. Nr. 5. Der Himmel im Thale. Nr. 6. An die Nacht. Op. 20. (Leipzig, Hofmeister.)

Schubert, F. L., Vier humoristische Gesänge für Bass. Nr. 1. Mauskätzchen. Nr. 2. Die rothe Nase. Nr. 3. Narrenlied. Nr. 4. Der Verdriessliche. Op. 42. (Leipzig, Breitkopf u. Härtel.)

Abt, Fr., Aus Op. 67. Nr. 3. Das Vaterhaus. (Offenbach, André.)

Dorn, Aus Op. 51. Nr. 3. Die kranke Maid. (Cöln, Schloss.)

Graben-Hoffmann, Der Elfenschiffer. (The Waterelf.) Op. 22. Vier Lieder. Heft 2. Meer, Himmel und Sonne. Trauriges Schicksal. Heft 3. Mond und Sonne. Ernste Betrachtung. Op. 36. (Leipzig, Schuberth u. C.)

Krebs, C., Maienlust. Op. 73. Vier Lieder. Nr. 1. Blümlein auf der Haide. Nr. 2. Wie singt die Lerche schön. Nr. 3. Lockung im Lenz. Nr. 4. Schlummerlied. Op. 172. (Ebend.)

Kücken, Aus Op. 18. Nr. 1. Herzenswünsche. Nr. 2. Horch, horch. (Leipzig, Whistling.)

—— Aus Op. 61. Nr. 2. Gute Nacht. (Leipzig, Kistner.)

—— Deutscher Marsch. Op. 67. (Ebend.)

Marschner, H., Aus Op. 101. Der Liebesgarten. Nr. 2. Liebchen, wo bist du? Nr. 5. Der Himmel im Thale. (Hannover, Nagel.)

Weber, C. M. v., Aus Op. 15. Nr. 1. Meine Lieder.

Nr. 2. Mein erster Kampf. Nr. 4. Was zieht zu deinem Zauberkreise. (Bonn, Simrock.) Nr. 3. Der kleine Fritz. (Mainz, Schott.) Nr. 5. Das Röschen. (Hamburg, Cranz.) Aus Op. 25. Ueber die Berge mit Ungestüm. Lass mich schlummern. Schwäbisches Bettlerlied. (Leipzig, Hofmeister.)

III.
Duetten mit Begleitung des Pianoforte.

Anmerk. Bei den Duetten, wo die nähere Bezeichnung der Singstimmen, durch welche sie vorgetragen werden sollen, vom Componisten nicht bestimmt angegeben ist, können selbstverständlich diese, (wenn es heisst für 2 Singstimmen) entweder von zwei weiblichen Stimmen (2 Soprane, oder Sopran und Alt oder Mezzo-Sopran) oder von zwei Männerstimmen (2 Tenore oder Tenor und Bass, oder Bariton) gesungen werden.

Abt, Fr., Vier Duetten für Sopran und Alt. (3. Sammlung.) Nr. 1. Ich denke dein. Nr. 2. Vöglein im Walde. Nr. 3. Frühlingslied. Nr. 4. Gute Nacht. Op. 95. (Offenbach, André.)

Banck, C., Vier Duetten für 2 Soprane. Nr. 1. Der Knab' im Walde. Nr. 2. Nachtgesang. Nr. 3. Vorüber. Nr. 4. Gesang der Peris. Op. 28. (Hamburg, Cranz.)

Claudius, Drei Duetten für 2 Soprane. Nr. 1. O wär' mein Lieb'. Nr. 2. Was singen und sagen die

Lerchen? Sie weis es nicht. Op. 29. (Leipzig, Whistling.)
Dessauer, Drei Lieder für 2 Frauenstimmen. Nr. 1. Vögelein. Nr. 2. An den Mond. Nr. 3. Frühlingseinzug. Op. 57. (Wien, Spina.)
Giuliani, 3 Duetti notturni per Sopran et Tenor. (ò 2 Sopran ò 2 Tenori) (Bonn, Simrock.)
Grisar, Le Retour du Mois de Mai. (Die Rückkehr des Mai.) Nocturne à 2 Voix. (Mainz, Schott.)
Haydn, J., 2 Duetti p. Soprane et Tenore. (Italienisch, französisch und deutsch.) Op. 107. (Bonn, Simrock.)
Hackel, Glockenstimmen. Gedicht von Vogl. Für Sopran und Alt (oder Tenor und Bass). Op. 49. (Wien, Haslinger.)
Kücken, 3 Duetten für 2 Soprane (oder Alt und Tenor). Nr. 1. Von dir geschieden. Nr. 2. Frühlingsglöckchen. Nr. 3. Ach wenn doch mein Schatz käme. Op. 26. (Berlin, Schlesinger.)
—— 3 Duetten für 2 Soprane. Nr. 1. O komm zu mir. Nr. 2. Mein Herz ist im Hochland. Nr. 3. In den Thälern laut erschallt's. Op. 30. (Leipzig, Whistling.)
Kuhlau, Duettino. Nice ce più. (Dein Blick.) Italienisch und deutsch. (Hamburg, Cranz.)
Labarre, Les Berceuses. (Wiegenlied.) Notturno à 2 Voix. (Mainz, Schott.)
Malibran, Mad., Pensées. Duos p. Sopr. et Alt. Nr. 11—14. (De la Collection de 10 Airs et 4 Duos. (Bonn, Simrock.)

Malibran, Mad., 4 Romances à 2 Voix. Nr. 1. La Batelier. Nr. 2. Le Rendezvous. Nr. 3. Belle viens à moi. Nr. 4. Le Lutin. (Berlin, Schlesinger.)

Marschner, H., 3 Gesänge für hohen und tiefen Sopran. Op. 14. (Leipzig, Klemm.)

Masini, Le Lac de Genève. (Der Genfer See.) Nocturne à 2 Voix. (Mainz, Schott.)

—— Naples (Neapel) Barcarolle à 2 Voix. (Ebend.)

Mendelssohn-Bartholdy, Suleika und Hatem. Duett aus Göthes Divan. Für Sopran und Tenor. Aus Op. 8. (Berlin, Schlesinger.)

—— Duett für 2 Soprane aus Op. 39. Nr. 3. Tulerunt dominum. Wohin habt ihr ihn getragen. (Bonn, Simrock.)

—— Die Liebe. Wozu der Vöglein Chöre. Lied von V. Hugo für 2 Soprane. (Hamburg, Cranz.)

—— 3 Volkslieder für 2 Singstimmen. Nr. 1. Wie kann ich froh und lustig sein. Nr. 2. Abendlied. Wenn ich auf dem Lager liege. Nr. 3. Wasserfahrt. Ich stand gelehnet an den Mast. (Berlin, Schlesinger.)

Mercadante, Soirées italiennes. Nr. 9—12. 4 Duos. Nr. 9. Der Fischfang. Für 2 Soprane. Nr. 10. Das Lebehoch. Für Sopran und Bass. Nr. 11. Die Jagd. Für 2 Tenore. Nr. 12. Die Galoppade. Duettino buffo p. 2 Bassi. (Mainz, Schott.)

Meyerbeer, Appenzeller Kuhreigen. (Le Ranz de Vaches d'Appenzell.) Für 2 Singstimmen. (Hamburg, Cranz.)

Neukomm, An mein Schifflein. Für Sopran und Alt. (Bonn, Simrock.)

Nicolai, O., Duett: Wenn sanft des Abends. Für Sopran und Bass. Op. 2. (Leipzig, Whistling.)

—— 2 Duetten für Sopran und Bass. Op. 14. Nr. 1. O selig, wer liebt. Nr. 2. Auf ewig dein. (Berlin, Schlesinger.)

Paer, L'Addio di Ettore. (Hectors Abschied.) Duett für Sopran und Tenor. (Bonn, Simrock.)

Panseron, Ma Nacelle. (Mein Schiffchen.) Barcarolle à 2 Voix. (Berlin, Schlesinger.)

—— Chansons un Air napolitain. Barcarolle à 2 Voix. (Mainz, Schott.)

Preyer, Streit zwischen den Magern und Fetten. Ein Schwank von Castelli. Für Tenor und Bass. Op. 20. (Wien, Spina.)

Reissiger, C. G., 5 Duettini amarosi per Soprano e Mezzosoprano. Op. 43. (Leipzig, Hofmeister.)

—— 3 deutshe Duetten. Wenn sich Wunsch und Hoffnung regen. Seid meines Herzens stille Vertraute. In den Wald. Op. 166. (Leipzig, Schuberth u. C.)

—— Die rothe Nase. Duett für 2 Bassstimmen. (Leipzig, Hofmeister.)

—— Die beiden Raucher. Komisches Duett nach Grübl. (Dresden, Friedel.)

Righini, Das Echo. Dove sei (O Geliebte) à 2 Voix. (Hamburg, Böhme.)

Rosenhain, Wasserfahrt. Barcarolle für 2 Soprane. (Leipzig, Breitkopf u. Härtel.)

Rossini, Les Soirées musicales. Nr. 9—12. Duos

italiennes. Nr. 9. Le Regata veneziana. Nr. 10.
O Pesca. Nr. 11. Serenata. Nr. 12. Li Marinari.
(Mainz, Schott.)

Schumann, R., Duette für Sopran und Tenor. Op. 34.
(Leipzig, Klemm.)

Spohr, Betet an. Duett für Alt und Tenor. Aus Op. 98. (Bonn, Simrock.)

—— Liebesfragen. Wechselgesang. Liebe. 3 Duetten für Sopran und Tenor. Op. 107. (Ebend.)

—— Jenseits. Duett für Sopran und Tenor. (Leipzig, Breitkopf u. Härtel.)

Spontini, 3 Nocturni für 2 Stimmen. Liebesqual. Der Abschied. Die Herzenssprache. Mit französischem, italienischem und deutschem Texte. (Berlin, Bote u. Bock.)

Stern, J., 3 Duette für Sopran und Alt. (Oder Tenor und Bass.) Nr. 1. Soldatenlied. Nr. 2. Die Botschaft. Nr. 3. Altitalienisches Lied. Op. 15. (Magdeburg, Heinrichshofen.)

—— Das Waldvöglein. Duettino für Sopran und Alt. Op. 16. (Berlin, Bote u. Bock.)

Taubert, 3 Tyroler Schnaderhüpferln. Für Sopran und Bariton. Op. 10. (Leipzig, Hofmeister.)

—— 4 Duetten für 2 Soprane. (Oder Sopran und Tenor.) Op. 43. (Ebend.)

Weber, C. M. v., 3 Duetti per 2 Soprani. Italienisch und deutsch. Op. 31. (Berlin, Schlesinger.)

Wechselgesang, komischer, zweier Liebenden. Fahre hin du Flattersinn. (Leipzig, Whistling.)

Berthold, G., Duett für 2 Katzen. (Hamburg, Cranz.)

Gevatterbitten, das, bairisches Volksducitt. Für Tenor und Bariton. (Braunschweig, Litolff.)

Krebs, C., 2 Duette. Ewige Liebe. Waldfahrt. Für Sopran und Alt. (Oder Tenor und Bariton.) Op. 115. (Leipzig, Schuberth u. C.)

—— 2 Duette. Der Frühling. Zigeunerlust. Für Sopran und Alt. (Oder Tenor und Bariton.) Op. 116. (Ebend.)

Kücken, 3 Duetten für 2 Soprane. Nr. 1. Die Fischer. Nr. 2. Barcarolle: Treibe mein Schifflein. Nr. 3. Des Morgens in der Frühe. Op. 15. (Leipzig, Whistling.)

Becker, J., Lied auf der Alm. Für Alt und Tenor. Op. 1. (Leipzig, Hofmeister.)

—— 4 Duette für Sopran und Alt. In die Ferne. Der Mond. Die Meere. Op. 18. (Leipzig, Peters.)

Blangini, Duett für Sopran und Tenor. Care pupille. Liebliche Sterne. (Berlin, Bote u. Bock.)

—— Duett für Sopran und Tenor. Per valli. Durch Wälder. (Ebend.)

Blum, Einfache deutsche Gesänge für 2 Soprane. Op. 13. (Leipzig, Breitkopf u. Härtel.)

Carafa, Duettino: A nostri gemiti. Länger verschliessen nicht. (Hamburg, Böhme.)

Curschmann, Der Wald. Duett für Sopran und Tenor. Op. 17. (Berlin, Schlesinger.)

Cherubini, 4 Duetti per 2 Soprani. (Leipzig, Peters.)

Danzi, 6 petits Duos. Italienisch und deutsch. (Offenbach, André.)

Donizetti, Aus: Nuits d'été à Pausilippe. (Sommernächte auf dem Pausilipp. 6 Nocturnes à 2 Voix. Nr. 7. Il Giuramento. (Der Schwur.) Nr. 8. L'Aurora. (Die Morgenröthe.) Nr. 9. L'Alito di bice. (Der Bote der Geliebten.) Nr. 10. Amor voce del cielo. (Liebe ist ein Himmelswort.) Nr. 11. Un Guardo et una voce. (Ein Blick und ein Wort.) Nr. 12. I Bevitori. (Die Trinker. (Mainz, Schott.)

Curschmann, Duett aus Op. 3. Nr. 1. Willkommen, GottesSonne. FürAlt u.Bariton. (Berlin,Schlesinger.)

Gumbert, 4 Duette. Nr. 1. Von dir. Nr. 2. Gute Nacht mein Lieb'. Nr. 3. Grüsse. Nr. 4. Schwäbisches Lied. Op. 45. (Cassel, Luckhardt.)

Marschner, H., 4 Duettinen für Sopran und Alt. Heft 1., 2. Op. 157. (Leipzig, Hofmeister.)

Mendelssohn-Bartholdy, Aus Op. 8. Im Grünen. Duett. (Berlin, Schlesinger.)

Reissmann, 4 Duetten für Sopran und Bariton. (Halle, Karmrodt.)

Schäffer, A., Das Lesekränzchen. Komisches Duett. Op. 43. (Berlin, Schlesinger.)

Schubert, F. L., 12 leichte Duetten für Kinder. Op. 45. (Hamburg, Böhme.)

Späth, Klänge der Liebe. 6 Duetten für Sopran und Tenor. Nr. 1. Das vielgeliebte Bild. Nr. 2. Lebe wohl. Nr. 3. Wonne oder Schmerz. Nr. 4. O zweifle nicht. Nr. 5. Liebesglück. Nr. 6. Amor und Hymen. Op. 200. (Stuttgart, Göpel.)

Würst, 4 zweistimmige Lieder. Op. 23. (Berlin, Schlesinger.)

Dessauer, Die Pilger. (Les Pélerins.) Für Tenor und Bass. Op. 10. (Berlin, Schlesinger.)

Kücken, Aus Op. 54. Nr. 1. Duett für Sopran und Alt (oder Bariton). Mit Lieb' ist eine rothe Ros'. (Leipzig, Whistling.)

Meyerbeer, Grand Mère. (Die Grossmutter.) Nocturne por Sopran et Contraalto. (Berlin, Schlesinger.)

Schäffer, A., Die kluge Hausfrau. Komisches Duett. Op. 44. (Ebend.)

Storch, Soldatenschmuck. Wachtstubengesang eines Cadetten und Veteranen. Duett für Tenor und Bass. (Wien, Spina.)

Taubert, 5 Lieder für 2 Soprane. Abendgeläut. Mondliedchen. Marienwürmchen. Kukuk. Der Finken Gruss. (Ebend.)

Storch, Der Schiffer. Duett. Op. 112. (Wien, Glöggl.)

Hiller, 6 volksthümliche Lieder für 2 Singstimmen. (Pianoforte ad libitum.) 2. Heft. Tyrolermädchen. Die Schwalbe. Zwei Wasser. Hüt dich. Blau Blümelein. Op. 61. (Offenbach, André.)

Gade, Lieder und Gesänge. Heft 2. Die Nachtigall. Duett für 2 Soprane. (Leipzig, Kahnt.)

Romagnesi, Le Carillon. Notturno für Alt und Tenor. (Berlin, Bote u. Bock.)

Haydn, J., Duett: Holde Gattin. Für Sopran und Bass. Aus der Schöpfung. (Offenbach, André.)

Tschirch, Ach wer das Scheiden uns gebracht. Duett für 2 Soprane. (Leipzig, Kahnt.)

Neukomm, Wenn kleine Kinder schlafen gehn. Duett für 2 Soprane. (Bonn, Simrock.)

Rossini, Orage et beau Temps. Barcarolle p. Soprano et Basse. (Leipzig, Klemm.)

Schäffer, A., Die Dienstboten oder Madam Dankelmann und Madam Waukelmann. Komisches Duett. Op. 68. (Leipzig, Kistner.)

—— Theorie und Praxis, oder Gevatter Bullerich und Gevatter Ullerich. Komisch philosophisches Duett. Op. 72. (Leipzig, Siegel.)

Mozart, Beliebte Duetten aus seinen Opern. Nr. 5. Aus der Zauberflöte: Bei Männern welche Liebe fühlen. Für Sopran und Bass. Nr. 6. Aus Figaro's Hochzeit: Nun soll ich. Für 2 Soprane. Nr. 7. Aus Figaro's Hochzeit: So lang hab ich geschmachtet. Für Sopran und Bass. Nr. 8. Aus Titus: Fordre nach Gefallen. Für 2 Soprane. Nr. 9. Aus Titus: O verzeih mir. Für Sopran und Alt. Nr. 10. Aus Titus: Nimm diesen Kuss. Für Sopran und Alt. (Leipzig, Siegel.)

Spohr, Recitativ und Duett aus der Oper: Jessonda. Nr. 2. Recitativ: Du hast dem Opfer. Duett: (Nr. 3.) Aus deines Tempels. Für Tenor und Bass. (Leipzig, Peters.)

—— Duett aus Jessonde. Recitativ: (Andante Nr. 14.) Lasst mich auf Augenblicke. Duett: (Nr. 15.) Lass für ihn, den ich geliebet. Für Sopran und Tenor. (Ebend.)

—— Duett aus Zemire und Azor: Weh mir, wo flieh

ich hin? Für Sopran und Tenor. (Hamburg, Cranz.)

Spontini, Scene und Duett aus Ferdinand Cortez. Recitativ: Vor Vesta's Heiligthum. Duett: Mich will der Freund im Kampf. Für Tenor und Bass. (Leipzig, Hofmeister.)

Weigl, Duett ans der Schweizerfamilie. Setz dich liebe Emeline. Für Sopran und Bass. (Bonn, Simrock.)

Marschner, Die tanzenden Mädchen. Duett für 2 Soprane. Aus Op. 145. Nr. 3. (Leipzig, Kistner.)

Mozart, Duett aus Don Juan: Gieb mir die Hand. Für Sopran und Bass. (Offenbach, André.)

Rossini, Der Barbier in der Klemme. Komisches Duett für 2 Bässe. (Cöln, Schloss.)

Carafa, Sag mal! Komisches Duett. (Offenbach, André.)

Genée, Ganz natürlich. Komisches Duett für 2 Bässe. Op. 39. Die Politik. Komisches Duett für 2 Bässe. Op. 40. (Cöln, Schloss.)

Schäffer, A., Frau Direktorin und Frau Inspektorin. Komisches Duett. Op. 34. (Leipzig, Kistner.)

Schumann, R., Aus Op. 37. So wahr die Sonne scheinet. Für Sopran und Tenor (oder Bariton). (Leipzig, Breitkopf und Härtel.)

Spohr, Duett aus Jessonda. Schönes Mädchen. Für Sopran und Bass. Nr. 18. (Leipzig, Peters.)

Kalliwoda, Aus der Oper: Prinzessin Christine. Duett für 2 Soprane. Nr. 1. Leicht entschwanden. (Ebend.)

Auber, Duett aus: Maurer und Schlosser. Darf man

Frau Nachbar'n. (Zankduett.) Nr. 20. Für 2 Soprane. (Leipzig, Hofmeister.)

Dorn, Duett aus Abukara: Merke wohl, was ich zu sagen. Für Sopran und Bass. (Ebend.)

Lindpaintner, Duett aus: Die Macht des Liedes. Für 2 Tenore. Alles ruht in Schlafes Armen. (Ebend.)

Marschner, Duett aus: Der Vampir. Für Sopran und Bass. Theurer Eltern. Nr. 3. (Ebend.)

—— Duett aus: Der Templer und die Jüdin. Theures Mädchen. Für Sopran und Bass. (Ebend.)

—— Aus: Hans Heiling. Scene und Duett: Wohl durch den grünen Wald. Für Sopran und Tenor. Nr. 10, 11. (Ebend.)

Mendelssohn-Bartholdy, Aus: Die Hochzeit des Camacho. Nr. 1. Duett für Sopran und Tenor. Beglücktes Jugendleben. (Ebend.)

Reissiger, Duett aus Libella: Ach! wie ist es doch so schön. Nr. 2. Für Sopran und Tenor. (Ebend.)

Winter, Duett aus: Das unterbrochene Opferfest. Für Sopran und Tenor. Wenn mir dein Auge strahlet. (Ebend.)

Auber, Aus: Die Stumme von Portici. Barcarolle. Duett für Tenor und Bass. Ein Liedchen, Fischer. (Leipzig, Breitkopf u. Härtel.)

Beethoven, Duett aus: Fidelio. O namenlose Freude. Für Sopran und Tenor. (Ebend.)

Cherubini, Duett aus dem Wasserträger: Für Sopran und Tenor. Mich trennen soll ich. (Ebend.)

Meyerbeer, Duett aus den Hugenotten: Wer bist

du himmlisch. Für Sopran und Tenor. Nr. 9. (Leipzig, Breitkopf u. Härtel.)

Meyerbeer, Duett aus dem Propheten: Deinem Sohn, meinen Schwur. Für Sopran und Alt. Nr. 18. (Ebend.)

Zumsteeg, Aus der Geisterinsel: Traurige Corallen. Für Sopran und Tenor. (Ebend.)

Weber, C. M. v., Duett aus Euryanthe: Nimm hin die Seele mein. Für Sopran und Tenor. (Wien, Haslinger.)

—— Duett aus Oberon: Am Strande der Garonne. (Berlin, Schlesinger.)

IV.

Terzette mit und ohne Begleitung des Pianoforte.

Becker, J., Dreistimmige Lieder für Alt, Tenor und Bass mit beliebiger Pianofortebegleitung. Lied auf der Alm. Wandrers Nachtlied. Der Abendstern. Der Sommerabend. Frisch Mädel im Thal. Op. 2. (Leipzig, Hofmeister.)

—— 6 dreistimmige Lieder für Alt, Tenor und Bass mit beliebiger Pianofortebegleitung. Op. 21. (Leipzig, Breitkopf u. Härtel.)

—— 12 Terzetten für Tenor, Bariton und Bass mit beliebiger Pianofortebegleitung. Op. 23. 2 Hefte. (Leipzig, Klemm.)

Beethoven, Schottische Lieder, dreistimmig bearbeitet. Für Alt (oder Mezzosopran), Tenor und Bass, mit Pianoforte ad lib. Op. 138. Heft 1. (Berlin, Schlesinger.)

Beethoven, Terzetto: Tremata empi p. Soprano, Tenore e Basso, con Pianoforte Op. 116. (Wien, Haslinger.)

Bergt, A., Terzette für Sopran, Tenor und Bass mit Pianoforte. 4 Hefte. Heft 1. Warum sind der Thränen. Zu des Lebens Freuden. Freundschaft. Heft 2. Der Abschied. Wiedersehn. Wer wollte sich mit Grillen plagen. Heft 3. Des Pilgers Pfad. Singet fröhlich. Sagt wo sind die Veilchen hin. Heft 4. Frühzeitiger Frühling. Zuruf. Der Bund. Bundeslied. (Leipzig, Peters.)

—— Terzette. 5. bis 8. Heft. Für Sopran, Tenor und Bass. Heft 5. Reinheit des Herzens. Das Flüchtigste. Die Quelle des Glücks. Heft 6. Die Gunst des Augenblicks. Der Nachruhm. Alte und neue Zeit. Heft 7. Mahomets Gesang. Der Lebensmüde. Frohsinn. Heft 8. Weisheit. Zurechtweisung. Gesang im Walde. (Leipzig, Hofmeister.)

Call, 6 Gesänge für 3 Männerstimmen. 2. Sammlung. Op. 11. Liv. 1, 2. 3 Gesänge für Sopran, Tenor und Bass mit Pianoforte. Op. 7. Nr. 1. Liebe wohnt in niedern Hütten. Nr. 2. Liebt, weil der Lenz der Liebe. Nr. 3. Spinnt hurtig, ihr Mädchen. (Wien, Haslinger.)

—— 6 Gesänge für 3 Männerstimmen. Op. 98. (Leipzig, Peters.)

—— Der Schulmeister. Für 2 hohe und 1 tiefe Stimme. Mit Pianoforte. (Berlin, Bote und Bock.)

Curschmann, Titirambo p. 3 Voci di Tenori con Pianoforte. Op. 10. (Berlin, Trautwein.)

Curschmann, Blumengruss von Göthe. Für 3 Soprane mit Pianoforte. Op. 22. (Berlin, Schlesinger.)

Danzi, Canzonette a 3 Voci con Pianoforte. Nr. 1—3. Italienisch und deutsch. (München, Falter.)

Eisenhofer, 6 Gesänge für 3 Männerstimmen. Op. 12. (Ebend.)

Harder, Dreistimmige Gesänge. Op. 34. (Berlin, Schlesinger.)

— Wein und Liebe. Lieder für 3 Männerstimmen. Liv. 1, 2. (Ebend.)

Haydn, J., Dreistimmige Gesänge mit Pianoforte. (Leipzig, Breitkopf u. Härtel.)

— 4 Terzetten mit Pianoforte. Nr. 1. An den Vetter. Für Sopran, Alt und Bass. Nr. 2. Daphnis einziger Fehler. Für 2 Tenore und Bass. Nr. 3. An die Frauen. Für 2 Tenore und Bass. Nr. 4. Betrachtung des Todes. Für Sopran, Tenor und Bass. (Bonn, Simrock.)

Himmel, Dreistimmige Gesänge aus der Urania von Tiedge. (Ebend.)

Hoffmann, E. T. A., 3 Canzonette à 3 Voci. (Berlin, Schlesinger.)

Kücken, Die sanften Tage von Uhland. Für Sopran, Tenor und Bass und Männerchor ad lib. Op. 43. (Dresden, Friedel.)

Kuhlau, Komische Canons für drei Männerstimmen. (Copenhagen, Loose u. Delbanco.)

Lindpaintner, Canon: Süsser Glaube, Stern der Nacht.

Für Sopran, Tenor und Bass, mit Pianoforte. (Leipzig, Breitkopf u. Härtel.)

Lindpaintner, Canon aus der Sternenkönigin. Für Sopran, Tenor und Bass. (Ebend.)

Löwe, C., Frühlingsverein. Trost in Thränen. 2 Gesänge für 3 Frauenstimmen. Op. 80. (Berlin, Schlesinger.)

Mozart, Das Bändchen, ein scherzhaftes Terzett für 2 Soprane (oder Tenöre) und Bass mit Pianoforte. (Leipzig, Breitkopf u. Härtel.)

—— Das Ständchen. (Liebes Mädchen hör mir zu.) Für 2 Soprane (oder Tenöre) und Bass. (Mainz, Schott.)

—— Terzett: Mandina amabile. (Willst du mein Liebchen sein.) Mit Pianoforte. (Leipzig, Breitkopf u. Härtel.)

—— Terzett: Mi la guero. (Der Einsamkeit nur.) Mit Pianoforte. (Bonn, Simrock.)

Nägeli, 30 Gesänge für Sopran, Tenor und Bass. (Zürich, Nägeli.)

Neukomm, L'Angelus (der Engel des Herrn) à 3 voix avec Pianoforte. (Mainz, Schott.)

Reissiger, C. G., Die Blumenglöckchen und die Biene. Für drei Soprane mit Pianoforte. Aus Op. 135. (Berlin, Schlesinger.)

Rinck, Leichte Gesänge für 1 Tenor und 2 Bässe. 1. Heft. (Darmstadt, Heyer.)

Romberg, A., 6 Lieder von Gleim für 3 Singstimmen. Op. 20. (Hamburg, Böhme.)

Schäffer, J., Die drei Worte des Glaubens. Für Sopran, Alt und Bass mit Pianoforte. Op. 2. (Berlin, Challier.)

Schicht, Preis der Dichtkunst. Für Sopran, Tenor und Bass, und Pianoforte. (Leipzig, Breitkopf u. Härtel.)

Schneider, Fr., 12 dreistimmige Gesänge für 2 Tenöre und Bass. (Ebend.)

Schubert, Fr., Die Advokaten. Komisches Terzett für 2 Tenöre und Bass mit Pianoforte. Op. 74. (Wien, Spina.)

——— Der Hochzeitbraten. Terzett für Sopran, Tenor und Bass, mit Pianoforte. Op. 104. (Ebend.)

Stern, J., Elfenfragen von Uhland. Für 3 weibliche Stimmen (2 Soprane und Alt) mit Pianoforte. Op. 7. (Berlin, Bote u. Bock.)

Stuntz, Styx und Kerninger. Schnurren für 3 Männerstimmen. (Leipzig, Hofmeister.)

Thaus, Die Nachtmusik. Komisches Terzett. Ein Schwank für 1 Tenor und 2 Bässe mit Pianoforte. (Ebend.)

Tomaschek, Terzetten für 2 Soprane (oder 2 Tenöre) und Bass, oder für Sopran, Tenor und Bass, mit Pianoforte. Wonne der Wehmuth. Erinnerung. Meeresstille. Glückliche Fahrt. Op. 61. (Prag, Berra, Leipzig, Hofmeister.)

——— Die Lüfte von Schlegel. Terzett für Tenor und 2 Bässe, mit Pianoforte. (Braunschweig, Weinholz.)

Weber, C. M. v., Festgesang für Sopran, Tenor und Bass, mit Pianoforte. (Berlin, Schlesinger.)

Weber, C. M. v., Terzett für 2 Tenöre und Bass. Ei, ei! wie scheint der Mond so hell. (Berlin, Schlesinger.)

Zelter, Das Leben am Rhein. Für 2 Tenöre und Bass, oder für Alt, Sopran und Bass. (Bonn, Simrock.)

—— Die Neujahrsänger. Für 3 Singstimmen und Pianoforte. (Hamburg, Steinmetz.)

Zuhlehner, Epiphanias oder die heiligen 3 Könige von Göthe. Komisches Terzett für 1 Tenor- und 2 Bassstimmen, mit Pianoforte. Op. 14. (Mainz, Schott.)

Klein, 6 Terzette für 2 Soprane und Alt. Op. 44. (Berlin, Guttentag.)

Lotti, O., Vere languores. (Alle die Tiefen.) Für 2 Tenöre und Bass. (Berlin, Schlesinger.)

Gade, Lieder und Gesänge. Heft 5. Gesang der Meerweiber. Für 2 Soprane und Alt. (Leipzig, Kahnt.)

Radecke, 3 Terzette für weibliche Stimmen. (Chor oder Solo.) Zur Nacht. Im Wald. Es kommt ein Tag des Herrn. Op. 17. (Berlin, Bahn.)

Weber, Jean, Die 3 Buckligen. Komisches Intermezzo. Für Sopran, (Fistel) Tenor und Bass. (Offenbach, André.)

Reinecke, Op. 55. Nr. 3. Schlaflied der Zwerge aus „Schneewittchen". Dramatisches Märchen. Für 2 Soprane und Alt. (Leipzig, Siegel.)

Cherubini, Terzett für Sopran, Tenor und Bass, mit Pianoforte, aus der Oper: Der Wasserträger. (Leipzig, Breitkopf u. Härtel.)

Eckert, Trio für 2 Tenöre und Bass, mit Pianoforte. Gott mit uns. Aus der Oper: Guillaume d'Orange. (Amsterdam, Theune u. C.)

Flotow, Terzettino für Tenor und 2 Bässe, mit Pianoforte. Ruhig! Leise! Stille! Aus der Oper: Alessandro Stradella. (Hamburg, Böhme.)

— Terzett für Tenor, Bariton und Bass, mit Pianoforte. Meister André! Aus der Oper: Die Matrosen. (Ebend.)

Litolff, Terzett für 2 Soprane und Tenor, mit Pianoforte. Solche edle, sanfte Züge. Nr. 11. Aus der Oper: Die Braut von Kynast. (Braunschweig, Litolff.)

Mendelssohn-Bartholdy, Terzett für Sopran, Tenor und Bass, mit Pianoforte. O, wie verschweig ich. Aus Athalia. Op. 74. (Leipzig, Breitkopf u. Härtel.)

Meyerbeer, Terzett für 1 Tenor und 2 Bässe, mit Pianoforte. Unter euren Fahnen. Aus der Oper: Der Prophet. (Ebend.)

— Trio (und Chor) für Sopran, Tenor und Bass, mit Pianoforte. Vision: Wie, du bist's, mein Marcel? (Ebend.)

Marschner, Terzett für Sopran, Tenor und Bass, mit Pianoforte. Ihr wollt mich nur beschämen. Aus der Oper: Der Vampir. (Leipzig, Hofmeister.)

— Terzett für Sopran, Alt und Bass, mit Pianoforte. Wohlan, so lasst uns gehen. Aus der Oper: Hans Heiling. (Ebend.)

Spontini, Hymne für 2 Tenöre und Bass, mit Pianoforte. Lasst unsern letzten Hauch. Aus der Oper: Ferdinand Cortez. (Leipzig, Hofmeister.)

Suppé, Terzett für Sopran, Tenor und Bass, mit Pianoforte. Ei, das macht sich pikant. Aus der Oper: Das Mädchen vom Lande. (Wien, Haslinger.)

V.
Gesänge und Lieder für gemischten Chor (Sopran, Alt, Tenor und Baß) ohne Begleitung.

Häser, Kyrie und Gloria. Op. 6. (Leipzig, Hofmeister.)
—— Requiem. Op. 34. (Leipzig, Breitkopf und Härtel.)
—— Salve Regina. (Ebend.)
Hauptmann, M., Salve Regina. Op. 13. (Bonn, Simrock.)
Hiller, J. A., Chorarien nebst 4 Sanctus. (Leipzig, Breitkopf u. Härtel.)
Nägeli, Classische Chorgesänge von Homilius, Schulz, Benda, Stölzel, Händel, Reichardt, Beethoven, Schicht, Graun, Stadle und Kirnberger. (Zürich, Nägeli.)
Reissiger, C. G., 3 Motetten. (Leipzig, Breitkopf u. Härtel.)
Schicht, Motetten. Heft 1—11. (Ebend.)
—— Motetto: Veni sancte. (Heil'ger Gott.) (Leipzig, Peters.)

Seyfried, R. v., Gross ist der Herr. Hymne an die Gottheit. (Leipzig, Hofmeister.)
Vogel, Salve Regina. Ave Regina et Alma Remptoris. (Offenbach, André.)
Händel, Chöre aus Judas Maccabäus. (Mainz, Schott.)
Danzi, 8 Lieder. Op. 17. (Leipzig, Breitkopf und Härtel.)
—— 6 Gesänge. Op. 74. (Leipzig, Kistner.)
Hauptmann, M., 6 Lieder von Göthe. Im Sommer. Wandrers Nachtlied. Mailied. Heidenröslein. Frühzeitiger Frühling. Geistergruss. Op. 25. (Leipzig, Peters.)
Kücken, 5 Lieder. Der Frühling. Horch, horch. Altes Wiegenlied: „Puthöneken". Die Sennerin und ihr Schatz. Altes Liebeslied: „Trab, trab". Op. 25. (Berlin, Trautwein.)
Becker, J., 6 Lieder. 2 Hefte. Op. 32. (Leipzig, Klemm.)
Call, Canon: Alles was die Erd' enthält. (Hamburg, Böhme.)
Mozart, Chöre aus Idomeneo. (Mainz, Schott.)
Chorgesänge, classische, von Reichardt, C. P. E. Bach, Knecht u. A. (Zürich, Nägeli.)
Curschmann, Die Elfenkönigin. Aus Op. 2. (Berlin, Schlesinger.)
Danzi, 6 Quartetti. Italienisch und deutsch. (Bonn, Simrock.)
Fesca, Ein Satz aus dem 13. Psalm. (Ebend.)
Kücken, Aus Op. 33. Wiegenlied. (Berlin, Schlesinger.)

Mendelssohn-Bartholdy, 6 Lieder im Freien zu singen. Im Wald. 3 Volkslieder von Heine. Mailied. Auf den See. Op. 41. (Leipzig, Breitkopf u. Härtel.)

—— 6 Lieder im Freien zu singen. 2. Heft. Der erste Frühlingstag. (Frühlingsahnung. Die Primel. Frühlingsfeier.) Lerchengesang. Morgengebet. Herbstlied. Op. 48. (Ebend.)

—— 6 Lieder im Freien zu singen. 3. Heft. Im Grünen. Frühzeitiger Frühling. Abschied vom Wald. Die Nachtigall. Ruhethal. Jagdlied. Op. 59. (Ebend.)

Rossini, Ridiamo, cantiamo. (Wien, Spina.)

Salve mi Jesule, Weihnachtsgesang. Componirt vor 1697. Nebst einer erklärenden Einleitung. (Berlin, Guttentag.)

Schneider, Fr., 6 Gesänge. Op. 44. (Bonn, Simrock.)

Schubert, Fr., Hirtenchor aus Rosamunde. Op. 26. Nr. 4. (Wien, Spina.)

—— 3 Quartetten. Nr. 1. Gott im Ungewitter. Nr. 2. Gott der Weltschöpfer. Nr. 3. Hymne an den Unendlichen. Op. 112. (Wien, Witzendorf.)

Seyfried, R. v., Abendfeier von Matthisson. (Wien, Spina.)

Spohr, 6 Lieder. 1. Sammlung. Op. 120. (Cassel, Appel.)

Taubert, 5 Lieder. An die Glocke. Die Sternlein. Liebeslied. Botschaft. Einquartirung. Op. 48. (Berlin, Bote u. Bock.)

Abt, Fr., 5 Lieder. Op. 81. (Offenbach, André.)
Hauptmann, Motette: Herr unser Herrscher. Op. 36. Nr. 2. (Leipzig, Siegel.)
Haydn, M., Tenebra e factea. (Berlin, Schlesinger.)
Jomelli, Lux aeterna. (Mulieris bonae.) Musica sacra. Nr. 2. (Ebend.)
—— Hosiána folio, und: In Monte oliveti. Musica sacra. Nr. 3. (Ebend.)
Kuntze, C., Wanderlied. Op. 10. Nr. 1. (Magdeburg, Heinrichshofen.)
Lotti, A., Sanctus Dominus. (Berlin, Schlesinger.)
Mozart, Ave verum Corpus. (Ebend.)
Palestrina, Sicut cereus. (Ebend.)
Pergolese, Crucifixus a. d. Missa: Papa e Marcelli. (Ebend.)
—— In festo sanctae Crucis. (Ebend.)
—— Kyrie. (Ebend.)
Reissiger, 5 vierstimmige Lieder. Op. 198. (Leipzig, Peters.)
Taubert, Vater unser. Op. 87. (Berlin, Guttentag.)
Händel, Halleluja aus dem Messias. (Wien, Glöggl.)
—— Chor aus Thimotheus: Brich die Bande seines Schlummers. (Ebend.)
Rolle, Motetten. Heft 3. Es ist in keinem Andern Heil. Herr du hast vom Anfang. Die Güte des Herrn. Lobe den Herrn. (Magdeburg, Heinrichshofen.)
Neukomm, 12 Chöre für Singvereine. Nr. 1. Die Weinlese. Nr. 2. Die Freude. Nr. 3. Lob des Gesanges. Nr. 4. Psalm. Nr. 5. Beim gestirnten

Himmel. Nr. 6. Die heiligen Orte. Nr. 7. Die siebente Bitte. Nr. 8. Glaube. Nr. 9. Trost. Nr. 10. Die Freundschaft. Nr. 11. Der Herr ist mein Hirt. Nr. 12. Jehova. (Leipzig, Kistner.)

Gumbert, Aus Op. 73. Nr. 2. Liebesglück und Bitte. Lied im Volkston. (Offenbach, André.)

Hauptmann, M., 6 geistliche Gesänge. Nr. 1. Nimm mir Alles, Gott. Nr. 2. O theures Gotteswort. Nr. 3. Nun Herr, wess sollt ich mich getrösten. Nr. 4. Du bist ja doch der Herr. Nr. 5. Wie ein wasserreicher Garten. Nr. 6. Sei still dem Herrn. Op. 42. (Leipzig, Siegel.)

Lachner, Fr., 3 Gesänge von Koch. Beim Sonnenaufgange. Der Kirchhof. Abschied der Auswanderer. Op. 61. (Leipzig, Hofmeister.)

Reinthaler, Aus Op. 8. Liv. 2. Wann in Höhen. Unter dies grün Laubendach. Gute Nacht. (Cöln, Schloss.)

Richter, E. F., 6 geistliche Lieder von Oser. Nr. 1. Herr hilf tragen. Nr. 2. Sei still dem Herrn. Nr. 3. O schönster Stern. Nr. 4. O wie er freundlich ist. Nr. 5. Bleibe Herr, o sieh uns flehen. Nr. 6. Wie gross dein Leid auch sei. Op. 24 (Leipzig, Siegel.)

Bach, J. S., Kirchenmusik zu 4 Singstimmen. Nr. 1. Litanei. Nr. 2. Herr deine Augen. Nr. 3. Ihr werdet weinen. Nr. 4. Du Hirte Israel. Nr. 5. Herr, gehe nicht in's Gericht. Nr. 6. Gottes Zeit ist die allerbeste Zeit. (Bonn, Simrock.)

Bach, J. S., Der 117. Psalm. (Leipzig, Breitkopf u. Härtel.)
Basily, Kyrie à 4 voci. (Ebend.)
Mendelssohn-Bartholdy, 3 Motetten. (Chöre beim Gottesdienst zu singen.) Nr. 1. Herr nun lässest du deinen Diener in Frieden. Nr. 2. Jauchzet dem Herrn alle Welt. Nr. 3. Mein Herz erhebet Gott. Op. 69. (Ebend.)
Mühling, Vierstimmige Motetten ohne Fugen für Singchöre und Singinstitute. Op. 11. (Ebend.)
Gade, N. W., O der du die Liebe bist (Leipzig, Siegel.)
Hauptmann, M., Vocalmesse: „Kyrie eleison". Für Chor und Solo. (Ebend.)
—— Motette: „Nimm von uns Herr Gott". Für Chor und Solo. (Ebend.)
—— Motette. Nr. 1. Komm heiliger Geist. Nr. 3. Ehre sei Gott in der Höhe. Op. 36. (Ebend.)
—— Drei Motetten. Nr. 1. Herr, höre mein Gebet. Nr. 2. Macht hoch die Thür. Nr. 3. Walte, walte nah und fern. Op 40. (Ebend.)
—— Drei Motetten. Nr. 1. Christe du Lamm Gottes. Nr. 2. Gott sei uns gnädig und barmherzig. Nr. 3. Lobe den Herrn, meine Seele. Op. 41. (Ebend.)
—— Der 84. Psalm. Wie lieblich sind deine Wohnungen. Motette. Op. 45. (Ebend.)
—— Salvum fac regem. (Ebend.)
—— Drei geistliche Chorgesänge. Nr. 1. Zuversicht. Nr. 2. Gebet. Nr. 3. Bei der Trauung. Op. 44. (Ebend.)
Hiller, F., Sechs geistliche Gesänge. Nr. 1. Geistliches Lied von P. Flemming. Nr. 2. Ach wie

nichtig von P. Frank. Nr. 3. Morgenlied von Klopstock. Nr. 4. Litanei auf das Fest aller Seelen von J. G. Jacobi. Nr. 5. Ein geistliches Lied von Kinkel. Nr. 6. Wach auf mein Herz und singe. Op. 71. (Leipzig, Kistner.)
Jadassohn, Zwei geistliche Gesänge. Nr. 1. Neige, o Herr, dein Ohr. Nr. 2. Herr, Herr schau herab. (Ebend.)
Richter, E. F., 3 Motetten. Nr. 1. Psalm 121. Ich hebe meine Augen auf. Nr. 2. Vom Himmel hoch. Nr. 3. Psalm 91. Wer unter dem Schirm. Op. 22. (Ebend.)
Bergt, A., Gesänge religiösen Inhalts. Heft 1. Motette und Choral: Herr wie du willst. Jesus Christus ob er wohl. Wenn sich dein Geist nach Licht. (Leipzig, Hofmeister.)
Dröbisch, 3 Motetten für Singchöre. Kommt, kommt herzu. Herr, Herr, unser Herrscher. Schwingt euch auf. Op. 1. (Ebend.)
Elsner, Missa für 4 Singstimmen. (Ebend.)
—— Nova Musica in Hymnum. (Ebend.)
Fesca, Vater unser. Op. 18. (Ebend.)
Zelter, Tenebrae für vier Singstimmen. (Ebend.)
Anger, 6 Lieder. Op. 10. (Leipzig, Peters.)
Schulz-Weyda, 3 Lieder. Gute Nacht mein Herz. O sieh mich nicht so lachend an. Ich liebe eine Blume. Op. 31. (Leipzig, Kahnt.)
Lortzing, Elisabethen-Walzer von Strauss. (Leipzig, Hofmeister.)
Maier, Vier Lieder. Nr 1. Jung Niklas fuhr auf's

Meer. Nr. 2. Ach. Elslein, liebes Elslein. Nr. 3.
Nun brechen aller Enden. Nr. 4. Wenn zwei geschieden sind. Op. 8. (Leipzig, Breitkopf und Härtel.)

Maier, Deutsche Volkslieder für Sopran, Alt und Tenor und Bass bearbeitet. Nr. 1—6. (Ebend.)

Reichardt, G., Volkslieder für gemischten Chor bearbeitet. 4. Hefte. (Leipzig, Hofmeister.)

VI.
Lieder und Gesänge für vierstimmigen Männerchor ohne Begleitung.

Häser, Te Deum. Op. 7. (Leipzig, Hofmeister.)
—— Missa de profundis. Seelenmesse. Op. 35. (Ebend.)
Lindpaintner, Ave Maria. (Braunschweig, Litolff.)
Marschner, H., Der 11. Psalm. Op. 110. (Leipzig, Hofmeister.)
Schubert, Fr., Salve Regina. Op. 149. (Wien, Spina.)
Vogler, Der 132. Psalm. Ecce quam bonum. (Offenbach, André.)
—— Motettum pro Adventu: Rorate, Coeli, de super. (Blumen entspriesst der Erde Schoss.) Lateinisch und deutsch. (Mainz, Schott.)
Berger, Was ist Wein? und Klage und Trost. 2 Humoresken. Op. 23. (Leipzig Kistner.)
Blum, 9 Gesänge. Op. 10. (Wien, Haslinger.)
Beethoven, Chor der Gefangenen aus Fidelio. (Mainz, Schott.)
Eisenhofer, 6 Gesänge. Op. 11. (Bonn, Simrock.)
Fesca, F. E., 6 Tafel- und Trinklieder. Op. 11. (Ebend.)

Kalliwoda, 6 Gesänge. Op. 96. (Leipzig, Peters.)
Kreutzer, C., 12 Gesänge von Uhland. Op. 24. Liv. 1—4. Waldlied. Seliger Tod. Der weisse Hirsch. Das Schifflein. Jägerlied. Der Schmied. Metzelsuppenlied. Die Kapelle. Bauernregel. Mainacht. Frühlingsglaube. Trinklied. (Mainz, Schott.)
Call, 9 Gesänge. Op. 10. (Wien, Haslinger.)
Kreutzer, C., 12 Lieder und Chöre. Liv. 1. Zu Ostern. Im Walde. Der Jäger. Die Welt ohne Ende. Schlafen und Wachen. Waldliebe. Liv. 2. Morgengruss. Auf den Wellen. Wohin. Frühlingsgruss. Ständchen. Das erste Veilchen. Op. 95. (Mainz, Schott.)
Kücken, Quartette. Soldatenliebe. Im Walde. Der Jäger. Das Regenwetter. Op. 22. (Leipzig, Schuberth u. C.)
Blum, Scherzhafte Gesänge. Op. 66. (Mainz, Schott.)
—— Prager Musikanten-Walzer. Gondellied. Tyrolerlied. Op. 120. (Berlin, Klage.)
—— Gefühl und Humor. Op. 130. (Leipzig, Hofmeister.)
Mozart, Chor (O Isis) und Arie mit Chor aus der Zauberflöte. (Mainz, Schott.)
Carafa, Chor aus: Der Kerker von Edinburg. Den frischen Muth zu retten. (Ebend.)
Dorn, 6 Weinlieder. (Hamburg, Cranz.)
Eisenhofer, 6 Gesänge. Op. 2, 3, 4. (München, Falter.)
Enkhausen, Es gilt. Op. 56. (Hannover, Nagel.)
Fesca, T. E., Scherzhaftes Tafellied von Voss. Op. 35. (Bonn, Simrock.)

Fesca, T. E., 6 Tafel- und Trinklieder von W. Müller. Op. 35. (Bonn, Simrock.)

Kücken, 4 Lieder. Op. 36. Heft 2. Wir jungen Musikanten. Wie ist hier so wunderschön. O säh' ich auf der Haide dort. Fliege Schifflein. Heft 3. Sterne, in des Himmels Ferne! Auf ihr freien Söhne. Es gefällt mir nur die Eine. Heft 4. Dies ist der Tag des Herrn. (Berlin, Schlesinger.)

Kuhlau, 9 Gesänge. Op. 82. (Bonn, Simrock.)

Lachner, Fr., 3 Gesänge. Cah. 1. Op. 64. Cah. 2. Op. 65. Cah. 3. Op. 66. (München, Falter.)

Lindpaintner, 9 Gesänge. Der Troubadour. Soldatenlied. Wein. Blumentanz. Das musikalische Leben. Der Sängerbund. Op. 82. (Leipzig, Peters.)

—— Gute Nacht von Theodor Körner. (Leipzig, Breitkopf u. Härtel.)

Löwe, C., Gesänge. Frühzeitiger Frühling. Nachtgesang. Der Frühlingsverein. Mailied. Frühling über's Jahr. Wunsch im Frühlinge. Op. 79. (Dresden, Friedel.)

—— 5 Humoresken. Op. 84. (Berlin, Bote u. Bock.)

—— 6 Gesänge. Das dunkle Auge. Nachtlied. Würde der Frauen. Des Glockenthürmers Töchterlein. Rüberettig. Die lustige Hochzeit. (Mainz, Schott.)

Marschner, 6 Gesänge. Freude in Ehren. Hans und Verena. Der Schwarzwälder in Breisgau. Neue Liebe, neues Leben. Serenade. Doch, doch. Op. 41. (Bonn, Simrock.)

—— 6 Gesänge. Liedertafel. Hans ohne Sorgen. Wein-

lied. Ständchen. Kühlung. Liebeserklärung eines
Schneidergesellen. Op. 52. (Leipzig, Hofmeister.)
Marschner, Unpolitische Lieder von Hoffmann von
Fallersleben. Stöpselziehen. Den Stöpsel weg.
Knüppel aus dem Sack. Neujahrslied. Die Frösche
und die Unken. Op. 108. (Ebend.)
—— Komische Lieder im Volkston, von Rückert. Der
Gevatter Schneider. Die Pfarrjümpferchen. Der
Krautschneider. Die gnädige Frau. Der Amtmann.
Die verzauberte Jungfrau. Op. 112. (Leipzig, Hofmeister.)
Mendelssohn-Bartholdy, 6 Lieder. Türkisches Schenkenlied. Der Jäger Abschied. Wasserfahrt. Lieb
und Wein. Wanderlied. Op. 50. (Leipzig, Kistner.)
—— Ersatz für Unbestand. Gedicht von Rückert
(Ebend.)
Mozart, Ouverture zur Zauberflöte. Bearbeitet für
Männerstimmen. (Mainz, Schott.)
Mühling, Philisterclub. Lied. (Leipzig, Hofmeister.)
Nägeli, 36 Lieder und Rundgesänge. 1. Sammlung.
(Zürich, Nägeli.)
—— 15 Männerchöre. 2. Sammlung. (Leipzig. Hofmeister.)
Neithardt, 6 Gesänge. Der Philister. Das eine Wort.
Der Mann für uns. Trinklied. Warnung vor dem
Wasser. Doppeltes Vaterland. Op. 55. (Leipzig,
Breitkopf u. Härtel.)
—— Aus Op. 104. Den Schönen Heil. (Berlin, Bote
u. Bock.)
Pohlenz, 7 Lieder. Nr. 1. Liebesliedchen. (Es ist

doch gar. Nr. 2. Wenn. (Wenn ich ein Maler wär.) Nr. 3. Weinlied. (Bacchus naht.) Nr. 4. Trinklied. (Trink ich Wein.) Nr. 5. Jägers Morgenlied. (Frisch auf.) Nr. 6. Jägerlied. (Es blieb ein Jäger wohl.) Nr. 7. Aufruf zur Jagd. (Wohl auf.) (Leipzig, Breitkopf u. Härtel.)

Reichardt, G., Tafelgesänge für die Liedertafel in Berlin. Aus Op. 5. Bundeslied. Die Frauen. Die Pinzgauer Wallfahrt. Der Feldmarschall. Aus Op. 7. Was ist des Deutschen Vaterland? Aus Op. 12. Vivat Musica. Die Frauen. Tyroler Jägerlied. (Leipzig, Hofmeister.)

Reissiger, C. G., Chorgesänge und Quartette für frohe Täfler. Heft 1. Blücher am Rhein. Der Sänger Ständchen. Heft 2. So! so! Glaube. Unser Bundesbruder Malchus. Frühlingsnacht. Heft 3. Ha! da ist wahre frische Lust. Nein! ich halt's nicht aus. Sie stand in süssen Träumen. Pater Guardian. Op. 157. (Berlin, Schlesinger.)

Reihländer, die, heitere Chorgesänge. Heft 1. Esser, Ich trinke, was trinkst du denn? Die Frösch' und die Unken. Lachner, V., Ich liebe, was liebst du denn? Schöne Mädchen blühen in Sachsen. Heft 4. Esser und Lachner, V., Wasser und Wein. Wer seinen Wein. Heft 6. Kalliwoda, Altdeutsches Lied. Autoren-Litanei. In's Weinhaus. Op. 131. (Mainz, Schott.)

Riamili-Lied, das schöne. Musikalischer Spass. (München, Falter.)

Rungenhagen, Tafellieder. Das Leben gleichet der

Blume. An den Mond. Krieg und Friede. Marschall Vorwärts. Op. 21. (Berlin, Trautwein.)
Schneider, Fr., 6 Wanderlieder von Brüggemann. Ausflug. Frisches Leben. Der holde Gefährte. Fest gesegnet. Trost in Leiden. Rückmarsch. Op. 82. (Leipzig, Hofmeister.)
—— Scherzhafte Trinklieder von Brüggemann. Der gelöste Bann. Der Thurmbau zu Babel. Trinkers Frühlingsgruss. Epigramm. Liebe und Wein. Das letzte Glas. Op. 87. (Ebend.)
Schubert, Fr., 3 Gesänge. Das Dörfchen. Die Nachtigall. Geist der Liebe. Op. 11. (Wien, Spina.)
—— Aus dem Drama: Rosamunde. Op. 26. Nr. 1. Jägerchor. Nr. 2. Geisterchor. (Ebend.)
—— Der Gondelfahrer. Op. 28. (Ebend.)
Schumann, R., 6 Lieder. Op. 33. (Leipzig, Schuberth u. C.)
Schwiegervater, der, komisches Quartett. (Bonn, Simrock.)
Seyfried, R. v., Ständchen. (Wien, Haslinger.)
Spohr, Gesänge. Hinauf! Rastlose Liebe. Kennt ihr das Land. Trinklied. Zur Nacht. Op. 44. (Leipzig, Peters.)
—— 6 Gesänge. Rath. Ständchen. Sängerleben. Sängerfahrt. Alte Liebe rostet nicht. Trinklied. Op. 90. (Hamburg, Niemeyer.)
Taubert, Zeitungs- Cantate. Scherzhafter Männergesang. (Berlin, Trautwein.)
Truhn, Die Käferknaben von Reineck. Op. 30. (Leipzig, Klemm.)

Truhn, Komische Lieder. Heft 1. Prinz Eugen zu Reutlingen. Der Tambour. Heft 2. Ziegenlied. Zopflied. Op. 36. (Berlin, Schlesinger.)
Zelter, 6 Gesänge. Fischpredigt. Cantus martialis. So werden wir gezwickt. Der Schlossergeselle. Kriegsglück. Canon: So wälzt ich. 2. Sammlung. (Berlin, Trautwein.)
Zöllner, C., 10 Lieder und Gesänge. Heft 1. Nr. 1. Trinklied. Nr. 2. Wo möcht ich sein? Nr 3. Trinklied. Nr. 4. Marsch. Nr. 5. Das A-B-C. Heft 2. Nr. 6. Grabgesang. Nr. 7. Trinklied. Nr. 8. Vanitas vanitatum. Nr. 9. Wer ist unser Mann? Nr. 10. Walzer. (Leipzig, Hirsch.)
—— Des Müllers Lust und Leid. 5 Gesänge aus der schönen Müllerin von W. Müller. (Ebend.)
—— Der Speisezettel. Ein Scherz. (Leipzig, Kistner.)
Rieffel, 6 Gesänge. (Leipzig, Schuberth u. C.)
Abt Fr., Ein Sängertag. Cyclus von 13 Gesängen mit verbindender Deklamation. (Schleusingen, Glaser.)
Franz, F., Papierlied. (Offenbach, André.)
Kalliwoda, Lied und Wein. Op. 190. (Leipzig, Siegel.)
Klein, Salvum fac Requem. Op. 43. (Berlin, Guttentag.)
Kücken, Aus Op. 56. Heft 2. Nr. 3. Am Neckar, am Rhein. (Leipzig, Kistner.)
Kuntze, C., Vom Fels zum Meer. Vaterlandslied für Tenor und Männerchor. Op. 5. (Berlin, Schlesinger.)
Lortzing, 3 scherzhafte Gesänge. Nr. 1. Du mit dem

Frühlingsangesichte. Nr. 2. Des Hauptmanns Wunsch. Nr. 3. Walzlied. (Leipzig, Klemm.)
Marschner, Kirmesrutscher. Op. 152. Nr. 6. (Leipzig, Senff.)
—— Madelon. Bauernlied. Musikalischer Scherz für Solo-Tenor und Männerchor. Op. 161. (Ebend.)
Otto, J., Hymnus nach dem 13. Psalm. (Leipzig, Bomnitz.)
—— 5 Quartetten. (Leipzig, Merseburger.)
—— 6 Lieder. (Leipzig, Bomnitz.)
Schäffer, A., Heitere und ernste Lieder. Heft 2. Vater Steigelack. Hopp Mariannchen. Heft 3. Im Wald. Heft 4. Der Kukuk. (Berlin, Schlesinger.)
Schulz, J., Der Heirathsconvent. (Schleusingen, Glaser.)
—— Kirmeslied der schlesischen Zecher. (Ebend.)
Solle, Wenn wir auch nichts haben. Marsch für heitern Männerchor. (Leipzig, Siegel.)
Abt, Fr., Gute Nacht. Op. 73. Nr. 2. (Offenbach, André.)
—— 5 Gesänge. Waldnacht. Eine Maiennacht. Abendläuten. Jägerlied. Wiedersehen. Op. 99. (Leipzig, Hofmeister.)
—— Leichte Männerchöre. Heft 1. Jägerlied. Weihgesang. Am Thore. Wanderlust. Sängers Abendlied. Wandermarsch. Op. 108. (Schleusingen, Glaser.)
Gade, N. W., Lieder. 3. Heft. Wanderlied. Heinrich

Frauenlob. Die Studenten. Gondelfahrt. Das Reh. Op. 26. (Leipzig, Senff.)

Gumbert, Es leben die Frauen von Oettinger. (Berlin, Schlesinger.)

Kücken, Aus Op. 60. Nr. 1. Die Weinlein die da fliessen. Lied im Volkston. (Leipzig, Senff.)

Kuntze, Heitere Männergesänge. Nr. 1. Mädel, guck doch. Bummelfritz. Op. 17. (Berlin, Schlesinger.)

—— Eine Sängerprobe. Heiterer Männergesang für Bass, Solo und Chor. Op. 22. (Leipzig, Kistner.)

Lachner, Fr., 3 Lieder. Die Elemente der Liebe. Nachtstille. Der Frühling. Op. 71. (Mainz, Schott.)

Otto, J., Bier führt das Regiment. (Leipzig, Stoll.)

—— 6 Quartetten. Heft 1. Sängers Lust. Ich möchte sein. Lob des Bieres. Heft 2. Die Lawine. Hochheimer. Spruch. (Leipzig, Merseburger.)

—— Der frohe Sänger. 6 Quartetten. Heft 1. Von der Schenke. Walzer. Rast nach dem Wandern. Heft 2. Trinklied. Sängerliebe. Jubellied. (Leipzig, Siegel.)

Bönicke, Im Weinhaus. (Mainz, Schott.)

Faist, Lebe wohl. (Ebend.)

Veit, Käfer und Blume. (Ebend.)

Solle, Fr., Wohin? Marsch. Op. 4. (Leipzig, Siegel.)

—— Lebenslust. Galopp. Op. 5. (Ebend.)

—— Nochmals ein Walzer. Op. 7. (Ebend.)

Storch, Dampferlied. Op. 109. (Wien, Glöggl.)

Dürrner, 6 Gesänge. Heft 1. Frühlingslied. Das Vöglein im Walde. Reiterlied. Lebensregel. Heft

2. Die schweren Zeiten. Maientanz. Op. 22.
(Leipzig, Hirsch.)
Gade, N. W., Treue Liebe. Aus dem Repertorium
für Männergesang. (Leipzig, Kahnt.)
Voigt, Th., Schweigen ist ein schönes Ding. Aus demselben. (Ebend.)
Otto, J., 6 Quartetten. Heft 1. Diebstahl. Sängers
Heimath. Auch ein Ständchen. Heft 2. Nachts.
Mein Schatz. Vergebliche Liebesmüh. Op. 105.
(Leipzig, Siegel.)
—— Gesellenfahrten. (Schleusingen, Glaser.)
Ries, F., 2 Lieder. Liebe duldet. Trallerliedchen.
Op. 173. (Offenbach, André.)
Rietz, Des Weines Hofstaat. Op. 22. (Leipzig, Senff.)
Schäffer, A., Der sanfte Heinrich. Komisches Männerquartett. Op. 48. (Leipzig, Kistner.)
Zöllner, C., Wanderlieder von W. Müller. Auszug.
Der Mai ist auf dem Wege. Guten Abend, lieber
Mondenschein. Mein Liebchen hat gesagt. Op. 14.
(Leipzig, Hirsch.)
Becker, V. E., Drei heitere Gesänge. Nr. 1. Im
Keller. Nr. 2. Wie es mit dem Bier kam. Nr. 3.
Trinklied. Op. 18. (Leipzig, Siegel.)
Gesang, launiger, in Walzerform. Wer hat denn 's
Bier umg'schütt'. (Leipzig, Klemm.)
Zöllner, C., 5 Lieder. Die hohe Hahnenfeder. Du
bist mein guter Engel. Du liegst in süsser Ruh.
Treue Lieb ist immer weit. Wenn das atlantische
Meer. Op. 19. (Leipzig, Hirsch.)
Becker, V. E., 3 Tanzliedchen. Nr. 1. Polkaständ-

chen. Nr. 2. Kirmeslied. Nr. 3. Galopp. Op. 20. (Leipzig, Siegel.)

Becker, V. E., 3 heitere Gesänge. Zechers Wunsch. Wandermarsch. Kuriose Geschichte. Op. 82. (Ebend.)

Kuntze, C., Heitere Gesänge. Nr. 2. Grossvater und Grossmutter. Nr. 3. Der neue Bürgermeister. Nr. 4. Guter Rath für junge Eheleute. Nr. 5. Der verhängnissvolle Hecht. Nr. 6. Herr Meyer. Op. 39. (Leipzig, Siegel.)

Otto, J., Sängermarsch. Die Frühlingszeit. Liebeslied. Der lustige Musikant. Ernst und Scherz. Heft 55. (Schleusingen, Glaser.)

Schäffer, A., 3 humoristische Gesänge. Nr. 1. Duck dich Brüderchen. Nr. 2. Das Kippen und Wippen. Nr. 3. Die Wasserfahrt. Op. 69. (Leipzig, Siegel.)

Solle, Polka für heitere Männerchöre. Op. 24. (Ebend.)

—— Es ist doch komisch. Liebesmarsch. Op. 29. (Leipzig, Stolle.)

Kuntze, C., Das Herzschlagen. Komisches Männerquartett. Op. 38. (Leipzig, Siegel.)

Veit, W. H., 6 Gesänge. Nr. 1. Sommernacht: Der laute Tag ist fortgegangen. Nr. 2. Gesellenlied: Und das ist euch ein grosses Glück. Nr. 3. Frühling und Liebe: Im Rosenbusch die Liebe schlief. Nr. 4. Der König in Thule. Nr. 5. Schmetterling, was freu ich mich. Nr. 6. Sonntags in der Morgenstund. Op. 37. (Leipzig, Breitkopf und Härtel.)

Vierling, G., Hafislieder. Nr. 1. Wenn Alles, Alles

ewig vorbedacht. Nr. 2. Ich bin auf ihren Wegen.
Nr. 3. Wein, o Schenke, das reine. Nr. 4. O
welche Treue mein Inneres hegt. Op. 18. (Leipzig,
Breitkopf u. Härtel.)

Becker, V. E., Im Frühling. 5 Gedichte. Heft 1.
Im Frühling. Der Sänger Auszug. Frühlingsscene.
Heft 2. An die ferne Geliebte. Zum grünen Kranz.
Op. 24. (Leipzig, Hofmeister.)

Berger, L., Tafelgesänge. Einweihungslied. Toast.
Der Gesang. Oktoberträume. Als der König sein
Heer grüsste. Das Lied vom Andreas Hofer. Op.
20. (Ebend.)

Blume, C., Gruss dem Vaterlande. (Notturno.) Op.
121. (Ebend.)

— Gefühl und Humor. 3 Gesänge. Serenade.
Fuhrmannsmelodie. Schifferlied. Op. 130. (Ebend.)

Derkum, 3 Lieder. Venetianer Trias. Wanderlied.
Postillonslied. (Ebend.)

Kreutzer, C., 6 Quartetten. Heft 1. Patriotische
Lieder. Heft 2. Waldlieder von Vogl. Op. 85.
(Ebend.)

Kuntze, C., Aus Op. 39. Nr. 1. Die beste Cur.
(Leipzig, Siegel.)

Hennig, C., 3 heitere und komische Männerquartette.
Nr. 1. Rund ist Alles auf der Welt. Nr. 2. Wo
du nicht bist, Herr Organist. Nr. 3. Der Frosch
und sein Liebchen. Op. 42. (Ebend.)

Hauser, M. H., 6 Lieder. Nr. 1. Weinlied: Es war
zu Assmannshausen. Nr. 2. Heimwärts ziehn die
muntern Sänger. Nr. 3. Wacht auf! Die Sonn

hat mich gewecket. Nr. 4. Minnelied: Wenn ich an dich gedenke. Nr. 5. Kriegslied: Und wenn uns nichts mehr übrig blieb. Nr. 6. Scheiden: Mag auch heiss dies Scheiden brennen. Op. 13. (Leipzig, Breitkopf u. Härtel.)

Kreutzer, C., 6 Lieder. Wahres Lieben. Süsses Leben. Am gewaltigen Meer. Es flimmern die Sternlein all. Abendglocke vom Hügel klingt. Was grämst du dich? Die Erde ruht, der Himmel wacht. Op. 98. (Leipzig, Hofmeister.)

Lindpaintner, Ein deutscher Eichenkranz von Müller von der Werra. Die drei Sterne. Alpenrosenlied. Frühlingszeit. Winterlied. Hymne. Op. 120. (Ebend.)

Liszt, Fr., Vierstimmige Männergesänge. Wir sind nicht Mumien. Das düstere Meer umrauscht. Unter allen Wipfeln ist Ruh. Gottes ist der Orient. (Ebend.)

Mühling, A., Magdeburger Liedertafel. 12 Gesänge. Heft 1. Die glückliche Ehe. Frühlingsbote. Abendgruss. Erinnerung. Die Satzung. Nacht. Skolie. Menschenglück. Trinkspruch. Sommernacht. Winternacht. Deutscher Trinkspruch. Op. 38. (Ebend.)

Otto, Franz, 6 Gesänge. Wandrers Nachtlied. Lied des Gefangenen. Lebe wohl. Klage. Treue bis zum Tode. Blauer Montag. Op. 6. (Ebend.)

—— 6 Lieder von Uhland. Abreise. Der Schäfer. Die Rache. In der Ferne. Der Abschied. Die Nonne. Op. 9. (Ebend.)

Reichardt, G., Aus Op. 8. Das Bild der Rose. Für Tenor-Solo und Männerchor. (Leipzig, Hofmeister.)

Reissiger, C. G., 6 Liedertafel-Lieder von Wohlbrück. Zur Eröffnung der Liedertafel. Einen Freund zu Ehren. Die Liedertafel über Alles. Orgie. Die rothe Nase. Der Scheidende an die Liedertafel. Op. 113. (Ebend.)

Skraup, 2 Jägerlieder. Manche schöne Freude blühet uns im Leben. Hei das ist wahre frische Lust. (Ebend.)

Berger, L., Zwei Humoresken von Kopisch. Nr. 1. Was ist im Wein: Gelehrte Herrn, was ist im Wein. Nr. 2. Klage und Trost: Wiederum ein leeres Fass. Op. 23. (Leipzig, Kistner.)

Dorn, H., Ein jeder Mensch hat seine Weise, von Wohlbrück. (Rigaer Liedertafel Nr. 14. (Ebend.)

Weitzmann, Zur Liedertafel zieht's mich hin, von Remy. (Rigaer Liedertafel Nr. 17.) Lebewohl an die Liedertafel: Warum wird mir das Auge nass? Rigaer Liedertafel Nr. 24. (Ebend.)

Gade, N. W., Reiterleben. 6 Lieder von Schultes. Nr. 1. Frau Sonn' beginnt wohl früh den Lauf. Nr. 2. Was ist das für ein gastlich Haus. Nr. 3. He, Mägdlein sag mir, bin ich recht? Nr. 4. Hörst du den Trompeter blasen? Nr. 5. So lasst es brausen denn dahin. Nun ruh von deiner harten Wacht. Op. 16. (Ebend.)

Mendelssohn-Bartholdy, 4 Lieder. Nr. 1. Wem Gott will rechte Gunst erweisen. Nr. 2. Schlafe

Liebchen. Nr. 3. So lang man nüchtern ist. Nr. 4. So rückt denn in die Runde. (Nr. 3 der nachgelassenen Werke.) (Leipzig, Kistner.)
Schäffer, A., 2 heitere Lieder. Die Sternlein. Meklenburger Hochzeitstanz. Op. 32. (Ebend.)
Otto, J., 7 Quartetten. Heft 1. Nr. 1. Nun ist die schöne Frühlingszeit. Nr. 2. Blümchen versteckt mit bescheidenem Sinn. Nr. 3. Er sprengte an mir. Heft 2. Nr. 1. Streich aus mein Ross. Nr. 2. Beseelter Seufzer. Nr. 3. Und gehst du über den Kirchhof. Nr. 4. Weil wir so beisammen sind. (Leipzig, Kahnt.)
—— Vocal-Messe. (Ebend.)
Belcke, C. G., 7 Lieder. Nr. 1. Herr zu deinem Sternendome. Nr. 2. Auf lasst ein Lied uns singen. Nr. 4. Singet Sänger in den Hallen. Nr. 5. Die frohen Sänger. Nr. 6. Trost im Becher. Nr. 7. Sängers Abschied. Op. 24. (Ebend.)
Jansen, Vier Lieder. Nr. 1. Wach auf, du schöne Träumerin. Nr. 2. Steh auf hohem Bergesrücken. Nr. 3. Abschied. Nr. 4. Leb wohl du schöner Wald. Op. 9. (Ebend.)
Petschke, Margret am Thor: Das beste Bier im ganzen Nest. (Repertorium, Heft 2.) (Ebend.)
Reissmann, Männergesangschule. Eine praktische Singschule für Chor, Tenor und Bass, zum Gebrauch für Männerchöre. Enthaltend: Kleine Quartetten, Canons, Volkslieder und Motetten. (Ebend.)
Schleinitz, Ständchen: Wenn die Sonne sinkt. (Repertorium, Heft 1.) (Ebend.)

Schulz, J., Table moving. Heiteres Männerquartett von Vogl. Op. 36. (Leipzig, Kahnt.)

—— Sängers Erholung. Cyclus leicht singbarer Männerquartetten. Nr. 1. Schwedisches Lied. Nr. 2. Fein Liebchen, Polka. Nr. 3. Wanderlied. Nr. 4. Im Walde. Nr. 5. Abschiedslied. Nr. 6. Gute Nacht. Nr. 7. Die Brücke. Nr. 8. Der Wein. Nr. 9. Vagabundenlied. Nr. 10. Der Fremde. Op. 38. (Ebend.)

Zöllner, C., Leichte Männerchöre. 5. Heft. Nr. 1. Unser Leben gleicht der Reise. Nr. 2. Gottvertraun. Nr. 3. Brüder, das ist deutscher Wein. Nr. 4. Vergänglichkeit. Nr. 5. Abendlied. Nr. 6. Marsch. (Schleusingen, Glaser.)

Wepf, Alpenlieder. (Schaffhausen, Brodtmann.)

Graben-Hoffmann, Kirmeslied von Dunker. Komisches Quartett Op. 50. (Leipzig, Kistner.)

Marschner, H., 4 Gesänge. - Nr. 1. Liedesfreiheit. Nr. 2. Trost. Nr. 3. Wonne der Wehmuth. Nr. 4. Vater unser. Op. 75. (Leipzig, Schuberth u. C.)

Schäffer, A., Der feine Wilhelm. Op. 36. (Leipzig, Kistner.)

Lortzing, Ernste und heitere Festgesänge. Heft 1. Nr. 1. An den Frühling. Nr. 2. Das hab ich. Heft 2. Nr. 3. Gratulation. Nr. 4. Den Neuvermählten. Heft 3. Nr. 5. Trost den Damen. Nr. 6. Die verlorene Rippe. (Leipzig, Klemm.)

Muth-Rassmussen, Kreislauf des Weines. Heiterer

Gesang: Die Welt wird stets runder. (Leipzig, Klemm.)

Otto, J., Vier Gesänge. (Sängers Lieblinge. Nr. 5, 6, 7.) 3 Hefte. Heft 1. Bummellied: Wenn die Sonne heiss. Heft 2. Als Gott den Adam einst verstiess. Es ist ein altes Lied. Heft 3. Das Blumengärtchen. (Solo-Quartett): Mein Herz ist. (Ebend.)

Reissiger, F. A., Drei launige Gesänge von Kopisch. Nr. 1. Jubel: Wer hat zuerst Musik gemacht? Nr. 2. Ach wie sind die Zeiten schwer. Nr. 3. Herr Vetter, o Herr Vetter. Op. 43. (Ebend.)

Rieffel, Meeresstille und glückliche Fahrt. (Ebend.)

Stolze, H. W., Wanderung durch den Thüringer Wald. 6 Lieder. Nr. 1. Wanderlust schwellt die freie Mannesbrust. Nr. 2. Der Wald ist stille. Nr. 3. Drei schöne Steine weiss ich. Nr. 4. Wir lieben den Wein. Nr. 5. Ständchen: Flüstre leise. Nr. 6. Wanderstab, dankend legen wir dich ab. Op. 47. (Ebend.)

Heydt, Das erreichte Ziel. Walzer nach dem Elisabeth-Walzer von J. Strauss. O welche Lust. (Ebend.)

Josephson, 6 Lieder. Nr. 1. Unser Land. Nr. 2. Schlachtlied. Nr. 3. Ständchen. Nr. 4. Auf dem Meere. Nr. 5. Des Müden Abendlied. Nr. 6. Im Frühling. Op. 21. (Leipzig, Breitkopf u. Härtel.)

Reinthaler, 6 Männerquartette für Chor- und Sologesang. Nr. 1. Kein sel'ger Tod ist auf der Welt. Nr. 2. Muttersprache, Mutterlaut. Nr. 3. Nähe der Geliebten. Nr. 4. Auf dem See. Nr. 5. So

scheiden wir mit Sang und Klang. Nr. 6. Bundeslied. Op. 33. (Leipzig, Breitkopf u. Härtel.)
Gade, N, W., 6 Lieder. (4. Heft.) Nr. 1. Warnung vor dem Rhein. Nr. 2. Thurmwächterlied. Nr. 3. Im Wald. Nr. 4. Die Rose. Nr. 5. Lied: Noch ist die blühende goldene Zeit. Op. 33. (Ebend.)
Perfall, Zur schönen Maienzeit. 6 Lieder von Hoffmann von Fallersleben. Nr. 1. O lasst den König ein. Nr. 2. Alle Vögel sind schon da. Nr. 3. Hinaus auf deine Matten. Nr. 4. Wanderlied. Nr. 5. Wohl ist sie schön. Nr. 6. So scheiden wir mit Sang. (Ebend.)
Abt, Fr., Vier Gesänge. Nr. 1. Der Abend. Nr. 2. Waldandacht. Nr. 3. Schifferlied. Nr. 4. Zum Abschied gab sie mir die Hand. Op. 175. (Leipzig, Siegel.)
Genée, R., Drei komische Lieder. Heft 1. Nr. 1. Wie alt? Heft 2. Nr. 2. Poesie und Prosa. Nr. 3. Das dich das Mäusle beisst! Op. 47. (Ebend.)
—— Das wunderbare Echo. Humoristisches Lied mit Echo. Op. 50. (Ebend.)
Reinecke, Drei humoristische Gesänge. Nr. 1. Held Samson. Nr. 2. Besuch. Nr. 3. Historie von Noah. Op. 16. (Ebend.)
Kuntze, C., Aus Op. 70. (Komische und heitere Gesänge.) Nr. 3. Wie man seine Tochter anbringt. Nr. 4. 'S wird doch nichts d'raus. Nr. 5. Die Hagestolzen. Nr. 6. Das Treffen. (Ebend.)
Schäffer, Aus Op. 83. Nr. 3. Das Lied von den Mucken. (Ebend.)

Schäffer, Aus Op. 87. Nr. 1. Die Pucker-Polka. (Leipzig, Kistner.)

Adam, C. F., 6 Chöre. Nr. 1. Es muss doch Frühling werden. Nr. 2. Ständchen. Nr. 3. Germania. Nr. 4. Champagnerlied. Nr. 5. Mein Lieben. Nr. 6. In der Nacht. Op. 10. (Leipzig, Kahnt.)

—— Der 46. Psalm: Gott ist unsere Zuversicht. Op. 12. (Ebend.)

Appel, Abendscene beim Bivouak. Op. 8. (Ebend.)

—— Serenade. Ihr blauen Augen. Sologesang für Tenor und Bass mit Begleitung von 4 Männerstimmen. Op. 12. (Ebend.)

—— Eine Singprobe oder des Cantors Blaser Leiden und Freuden. Dramatischer Scherz von Berg. Für Bariton- Solo und Männerchor. Op. 13. (Ebend.)

Schäffer, A., Der alte Männerwalzer. Komisches Quartett. Op. 88. (Leipzig, Kistner.)

Bräuer, Streit der Raucher und Schnupfer. (Für 2 Männerchöre.) Op. 168. (Leipzig, Siegel.)

—— Mazurka für 4 Männerstimmen. Op. 217. (Ebend.)

—— Acht Gelegenheitsgesänge. Heft 1. Nr. 1. Zum Abschiede des Freundes. Nr. 2. Zum Geburtstag. Nr. 3. Zum Jahrestage der Stiftung eines Singvereines. Nr. 4. Grabgesang. Heft 2. Nr. 5. Zum Polterabend eines Freundes. Nr. 6. Zur Hochzeit eines Freundes. Nr. 7. Ständchen. Der Singverein am Sylvesterabend. Op. 240. (Ebend.)